料理が好きだったのに、興味があったのに、ある日を境に嫌になる。
そんな経験ないですか？
でもそれはね、
あなたのせいでもなく、あなたの技術やあなた自身の問題でもなく、
あなたが置かれている環境のせいなのです。

コウケンテツ

本当はごはんを作るのが好きなのに、しんどくなった人たちへ

コウケンテツ

はじめに
「手料理に追い詰められて」

「もう料理をすることに限界がきました。私はどうすればいいのでしょうか……」

そんな告白を、皆がいる講演会場で勇気を持って語ってくれた女性。


実は彼女、10年ほど前に僕の料理イベントに参加してくれていたそうです。そのころの講演会では、僕は主に手作りの家庭料理の大切さを訴えていました。

「子どもの心と身体の成長を培うのは、あなたの手料理なんですよ。だから少しでもいいから料理を手作りしてあげてください」

僕の言葉を聞いて料理に苦手意識を持っていたその女性は、自分の生活を変える決意をし、家族のために手料理に励んでくださったそうです。

そして10年後。

再び僕の講演会に来てくれた彼女は、講演会後の質問コーナーで冒頭の質問を僕に向かって投げかけ、さらにこう言いました。

「毎日ほんとうにつらいんです」

僕にとって、それは思ってもみない言葉でした。

僕が「手作りの料理を広める」活動をしていた10年前の言葉に、追い詰められている人がいる……。

毎日毎日家族のためにがんばってごはんを作っても、「ありがとう」も「おいしかったよ」の一言もなく、感謝もされず、味が薄いだの、濃いだの、バリエーションが少ないだの文句だけ言われる。気に入らない料理は食べてもくれない。食後もテーブルはそのままで、各々が好きなことに没頭し出す。自分自身は食べたいものも食べられず、家族の残り物を一人で食べる生活。なのに毎日「ごはんを作らねばならない」のである。

そしてその後もそういった「料理がしんどい」という声が僕のところにどんどん届くようになりました。もしかしたら、その講演会まで僕が気づいていなかっただけかもしれません。

思い起こしてみれば僕も「そう」かもしれない。

10年前はまだ子どもも生まれる前で、仕事もプライベートでも料理が楽しかった。そして子どもが1人、2人、3人と生まれ、楽しみも増えるけれど、その反面、年々家事や育児にかける時間が増えていく。朝から晩まで料理の仕事をし、朝ごはんも夜ご飯もちゃんと作るのは当たり前。料理で愛情を伝えるのは当たり前。料理研究家だから見た目も栄養バランスも良く、品数もできるだけ多くしなければ。

そうやっていつのまにか僕も自分で自分を勝手に追い詰めていることに気づかされたのです。

そして彼女との再会は、あらためて、「料理を作る人が救われる、気持ちがすっと楽になる」、そんな活動をしたいと思う契機となりました。

この本は、「料理がしんどい」と感じる人へのメッセージとして、僕が日々の中で、感じたこと考えたことを書いたものです。僕自身、子育て真っ最中で試行錯誤していますし、読んだら即解決できるような問題ではないとは思います。でもなんだか料理がしんどいなと思ったときに、ちょっと読んでもらえたら。そしてまた料理をしてみようかな、という気持ちになってくれたら、こんなに嬉しいことはありません。

目次

第2章 理想と現実の間を埋める方法

第3章 考えたくない日の「手間」を排除する 料理が本当に楽になる実用レシピ

第1章

「ねばならない」にさようなら

1

なぜごはん作りはしんどいのか

「毎日のごはん作りが大変すぎる」

「しんどい」

そんな言葉を聞くことが増えました。

講演会に来てくれるお客様、子どもを通じて交流のあるママたち、また仕事で出会う女性たちから。また、僕のインスタグラムへの投稿など、ＳＮＳの場でも。もしかしたら、これまでは、そう思っていてもあまり口に出せなかったのかもしれないのですが……。

その要因として真っ先に僕が思うのは、日本の家庭料理に求められるレベルがあまりにも高すぎるのではないか、ということです。僕は日本の家庭料理を「ワールドワイドハイスペック家庭料理」と呼んでいます。これまでに世界中の様々な国のご家庭を訪ねてきましたが、日本の家庭料理がいかにレベルが高いか、いかにバラエティが豊かかということを、身に染みて感じました。

次に思うのは「料理に取り組む体制の問題」。育児だけではなく、料理もワンオペという方が多い。きちんとごはんを作りたいけれど、気持ちにも時間にも余裕がなく、思い通りにいかない。そんなジレンマに苦しめられているのではないでしょうか。

そしてやっかいなのが、「見えざるプレッシャー」です。家族のために栄養バランスを考えて作らなければならない、手作りしなければならない、お惣菜やレトルト食品に頼ることには罪悪感を覚える。そのため「もっとがんばらなくては……」と自分自身を追い込んでしまう。そして最終的には「私が我慢してごはんを作ればいいのよね……」とあきらめてしまう。そんな結論に至ってしまうのではないでしょうか。

そして実は僕が最も大きな要因だと思っているのは、「食べるだけの人の問題」。料理をする人ががんばってごはんを作っても、「ただ食べるだけ」の家族は感謝の気持ちを持たない。おまけに「食べたくない」「味がいまいち」などと言いたい放題言われることもあるといいます。これではモチベーションを保てないのは当然のことですよね。

どうでしょう。当てはまることはありませんか？　こんなにたくさんの「しんどさ」を乗り越えつつ、皆さんは毎日ごはんを作っているんです。「やる気がでない」、「しんどい」のはある意味当たり前なのかもしれません。

2

料理研究家だって、毎日のごはん作りはしんどいんです

僕にとって、そもそも料理することは「楽しみ」でした。

自分の好きな料理が食べられるので日々のごはん作りはもちろん、料理研究家として仕事を始めてからは、いろいろなレシピを生み出すことにやりがいを感じていました。毎日がとても忙しく、しかしとても充実していました。ただそれは結婚して、子どもが生まれる前、まだ、妻と二人三脚で仕事をしていたころの記憶です。

ところが……。

子どもが１人、２人、３人と生まれると、なんだか料理作りがしんどい……考えるのが面倒だ、今日は作りたくない……。

そんな日が増えていったのです。

自分が食べたいものは二の次にして子どもの好き嫌いや栄養バランスを考えなければいけない。家事や育児の時間が増えて、自分の時間はもちろん、楽しく料理をする余裕さえうばわれてしまう……。毎日家庭の中心でごはんを作っている人なら、（おそらく主にママだと思いますが）共感してくれる人も多いのではないでしょうか？

長男や長女はよくお友達に

「お父さんが料理研究家で毎日いろいろなおいしい料理が食べられていいな〜」と言われるそうです。僕も、「お子さんは幸せですね」とよく言われます。でも実際、日々のごはんはびっくりするくらい質素です。

我が家の定番料理は鶏の塩焼きやしょうゆ焼き、そこに簡単な味噌汁とナムルなど。子どもが帰って来てから寝るまでは何しろ時間がないので、短時間でパパッとできる簡単料理が基本です。そして子どもが喜ぶシンプルな味付け。切った素材を並べるだけなんて日も多々あります。もちろん撮影で作ったアイデアにあふれたバラエティ豊かな料理（!?）が余って、食卓にのりきらないほど豪華な夕食になる日もあります。

でも食に冒険をしない我が子たちは、そんな目新しい料理には、まっっっったく！といっていいほど手をつけないのです。

実際、毎日のごはんは「質素ごはん」で充分なんですよね。でも、その「質素ごはん」でさえ、誰かが作らなければいけないし、家族のためを思うと悩みのタネになってしまうのです。

毎日ごはんを作るのは終わりなき戦いのようなものです。作っても、作っても、作らないといけないんですから。

3

ハイレベルな料理がしんどさの原因

最近家で食べたごはんを思い浮かべたとき、「全部和食です」というご家庭は少ないのではないでしょうか。それこそ、日本の家庭料理のレベルがハイレベルな証拠。昨日はハンバーグ、今日は肉じゃが、明日は久しぶりに餃子かな？　という状況だと、もうすでに洋食、和食、中華と3か国もの料理を作っていることになるのです。なんてワールドワイド！

そうです、「日本の家庭料理に求められるレベルが高すぎる」のです。

社会が豊かになって食も豊かになったという考え方もある。しかし中華風、インド風、イタリアンなど、世界各国の料理が家庭の食卓に日替わりで上がるという現象は日本ならではのような気がします。そこにはおそらく文化的な背景があるのだと思いますが、現代では「いろんなものを食べるのが当たり前」からの、「いろんな料理を作らなければならない」、そして「バリエーションを増やさなければならない」、というプレッシャーが強いことは事実ではないでしょうか。

また、そもそも家庭の料理は質素でよかったはずが、いつからか「栄養バランスや彩りの良さはもちろん、品数もたくさんないといけない」と、どんどん求められるハードルが上がってしまったのだと思います。ママは料理人かつ栄養士でもあらねばならぬ、というのは大変なプレッシャーです。

家族のためのお弁当作りも同じ。

昨今は、子どものキャラ弁を作るというアートな才能も要求とされる傾向もあったりしますよね。料理の技術、栄養の知識、芸術的才能、手先の器用さ。求められるものが多すぎます。

そういうプレッシャー、感じていませんか？

4

料理人の孤独

「日本の家庭料理がハイレベルすぎる」のと、「求められるスキルが高すぎる」ことが、料理がしんどくなる原因だとしたら、それをさらに増幅させているのが、「ワンオペ料理」ではないでしょうか。

「イクメン・カジダン」と言われる男性でも、育児・家事は本来ママがやるべきだと思っている方が多いと感じることよくがあります。キャンプなど非日常なところでは活躍してくれても、日々のごはん作りにはノータッチというパパは、少なくないかもしれません。

そもそも、「毎日のごはん作り」とひと言で言っても、ただ「調理をする」ことだけではない。献立作り、家計と相談しながらの買い物、冷蔵庫の管理、食卓の準備、洗い物、キッチンの掃除など挙げだしたらきりがない。マルチタスクを求められる仕事なのです。料理を担当している方（主にママでしょう）がひとりで担当する役割が多すぎるため一方的に負担がかかり、物理的にも精神的にもしんどくなってしまう。

僕の場合、料理番組の撮影の時は下準備、洗い物、キッチンのお掃除は、フードコーディネーターさんが手分けしてやってくれることが多い。料理をすることだけを考えると、これほど楽なことはない。

きっとみなさんも、料理番組のようにすべて整えられた状態で料理がスタートできるような環境なら、そして料理以外のもろもろから解放されるなら、気持ちがずっと楽になるはずです。実際、それは無理なことではありますが、少なくとも「協力者」がいてくれれば「しんどさ」からは逃れることができるはずなのです。

そして、また別の講演会で、そんなことを考えさせられる発言をいただいたのでした。

5

苦しみが憎しみに変わるとき

僕は日本各地で講演をする機会を多くいただいています。料理の講座だったり、講演のみだったり様々ですが、会場に来てくださった先輩ママさんたちから学ぶことも多くあります。

あるときの講演会でのこと。家庭料理は大切だけど日本の家庭料理はいかに手間がかかるか、いかに大変かを、僕が力説していた時のことです。

「限られた時間の中、家族のために一生懸命献立を考えて料理を作っても、感謝されるどころか文句を言われる。全く報われない。こんな毎日はまさに生き地獄じゃないでしょうか⁉

料理を作る側からすると、苦しみしかない状態は残念ですよね。スポーツの世界なら、この苦しいトレーニングの先には新記録が、芸術の世界ならこの産みの苦しみの先には斬新なアイデアが、という夢や目標があるかもしれません。しかしおうちでのごはん作りに関してはどうでしょうか。苦しみの先には何ひとつ生まれないのではないでしょうか」

そう言い切った僕に、客席の先輩ママが絶妙なタイミングで一言。

「その苦しみが、憎しみに変わるのよ！」

衝撃の一言に場内大爆笑。

何も生まれないのではなく、憎しみが生まれてしまうとは！

「憎しみですか⁉」とこたえる僕に、

「だから男は（家の事を）ちゃんとやらないとダメなのよ」

と続ける先輩ママ。

会場は深い共感の空気でいっぱいになりました。

「ありがとうございます。名言いただきました」

僕は爆笑と共感を得たその言葉に、日本の家庭料理の問題点が集約されている気がしたのです。

料理を作る側が意識的にも無意識にもしている「我慢」。それが積み重なっていき、やがてただ食べるだけのパートナーに対する憎しみの気持ちに変わってしまう。あまりにも悲しいことではないか。そんなことを望んでいる人なんて誰ひとりいないのに。

ひょっとすると楽しいごはんの時間やごはんの思い出なんて、「作ってもらう側」の勝手な幻想なのかもしれない。

せめてごはん作りがいかに大変かを理解してくれたなら。少しでも感謝の気持ちを持ってくれたなら。そして少しでも片付けや洗い物をしてくれたなら。

食べるだけの人たちの意識が変わらないと始まらない、と改めて考える機会になったのでした。

6
私のサンシャイン

２０１８年にフランスに取材に行ったとき、驚きの食生活を目の当たりにしました。バゲットにバターとジャムを塗っただけのものにカフェ。これが典型的なパリの朝食。子どもにいたってはシリアルで済ませるケースが多い（簡単なので自分たちで準備もします）。

驚いたのは朝ごはんだけではない。平日は自宅で料理をしないわよ、と宣言されている方が多く、昼も夜もデリのお惣菜や冷食など、いわば「並べるだけのごはん」ですませているご家庭が多かったのです。そう、ウィークデーのごはんを、イチからしっかり作って食べているご家庭は取材先ではほとんど皆無だったのです。

しかしそれには理由があるようです。フランスの子育て世代である40代の女性の就業率は80パーセント以上だと言われています。また、フランス語で「アンガジェ」という積極的に参加するという意味合いの言葉（特に政治、社会参加することという意味が強いようです）があるのですが、現地で伺ったのは、主婦の方も積極的に社会参加をされる方が多いため、まあとにかく料理をする時間がないそう。そんなところにも理由があるのかもしれません。

「これでは栄養バランスがあまりにも……」

と言う僕に、取材したパリの女性からの今でも忘れられない一言が。

「家で料理ばっかり作っていたら、私のサンシャインが輝かないじゃない」

サ、サンシャインすか……。

「そうよ。私が輝いてこそ家族が輝くのよ」

パリの女性と10分もお話しすると、名言の一つや二つすぐに出てきます。しかしですよ、これをみなさんはパートナーに言えますか？

「今晩のごはんを作らなかったのは、私のサンシャインが輝かなかったからよ」って。言えるはずもない。

基本的に「家族が、人が、社会が幸せになるには、まず自分自身が幸せにならないと」という考えが家族みんなの根底にあり、自分自身の気持ちが最優先なのです。だからこそ日々のごはん作りに対して決して無理しない。だからこそできる範囲で家族やパートナーと協力し合い、ごはんを作って食べる。その姿がとても印象的でした。家族のためといってもできることとできないことがあり、またできないことはしなくてもいいという共通認識がある。

大事なのはパートナー間、家族間の納得感なのだと感じました。

そしてこうも思ったのです。

日本の女性は毎日料理をがんばって作りすぎなのでは？　大変なとき、やることがたくさんあって忙しいときはもちろん、毎日毎日一生懸命ごはん作りに励まなくてもいいのでは？　と。

「私だって作らずに済むのであれば作りたくない」というたくさんの声が聞こえてき

そうです。

わかります。「サンシャインが輝かないから今日はごはんを作りませんでした」と言って納得してくれる家族なら、また、言えば誰かがごはんを作ってくれるなら苦労しない。そうわかりつつも、ママだけがごはんを作り、家族はそれが当たり前と思い込んでいる状況は、そのままでよいわけがない。

なにか解決方法はないか？　その糸口が少しでもないものか。それこそ、僕がこの本を書いている一番の理由です。パリの例を挙げたのは、料理をするのがしんどいと思ったら、しない自由もある。そう思うからなんです。

7 アルデンテ事変

そのこだわりは本当に必要？

長女が年中さんくらいだった頃のことです。

担任の先生が、

「蓮ちゃんね、よくパパのトマトパスタめっちゃおいしいよ！　って自慢していますよ〜」

なんとかわいい♡　そう。僕はパスタが大好きでよく作ります。そんなわけで、麺のゆで方にこだわりも強く、絶妙なゆで加減で家族にも提供したい。そんな妙なプロ意識を家庭に持ち込んでいた時期がありました。そう、子どもにはほどよく弾力がありながら柔らかく。僕と妻にはベストなアルデンテ。

しかし、思い通りにならないのが子育て。絶妙のタイミングでパスタを盛り付けても、子どもたちが遊びに夢中で食卓に集まらなかったり、いきなりグズついて食べに来てくれなかったり。ああ、せっかくのパスタが！

今すぐ食べてほしいのに食べてくれない。どんどん味が落ちていく。なんだか不満が積もる。そんな僕を見て、妻がひとこと、

「アルデンテでものびのびのパスタでも、子どもたちは全然気にしていないし、おいしく食べるから」


まじか。

長女がおいしいと言っているのはアルデンテだからじゃないのか⁉　のびのびパスタでもおいしいと言ってくれるのか⁉

たしかにその日ののびきったパスタを、子どもたちはおいしいと言いながらモリモリ食べてくれたのです。

しかも後日、おいしいナポリタンの店で「パスタを前日にゆで置きしておくと麺のもっちり感が増してソースをよく吸う」と聞き、なるほどと納得。

そういうわけで、うちのパスタはアルデンテからゆで置きの、のびのび麺が定番になり、ゆで上がりに合わせてあわてて料理したり、子どもたちがすぐに食卓に集まらなくてもイライラしたりすることがなくなりました。いやむしろ、みんなで食べるのびのびパスタの方がおいしいとさえ思うようになりました。

こだわりを捨てることで見えてくることって意外と多いのかもしれません。

ごはん作りはこだわり出すときりがない。いくらおいしい味に仕上げていても、食卓がギスギスしていては味気ないですよね。こだわりによっておいしく食べられるのであればいいけれど、こだわりによって誰かがしんどい気持ちになるのでは本末転倒。アルデンテは、妻と二人でパスタを食べるときに追求すればいいし、きっと子どもたちも成長したらアルデンテのパスタを楽しんでくれるはず。その時々の、自分や家族の生活スタイルに合った、うちならではのごはんでＯＫ。ちょうど良いバランスを目指したらいいんですよね。

妙なこだわりは自分のためだけに。自分のこだわりは家族のこだわりではない。そう感じたのでした。

8

自分の理想のためにイライラしていませんか？

「アルデンテ事変」で僕が気づいたのは、「ねばならない」に支配されていること。「自分の理想」といってもいいかもしれません。

ある日、こんなことがありました。

僕が一人で晩ごはんを作っているときに、うちの長女が眉間を指さして、「最近パパ、ごはん作ってるとき、ここにシワがよるよね」

そのひとことにはっとしました。図星だったからです。

僕は料理をしながら明らかにイライラしていました。そういうときは態度に出てしまうものなんですね。自分なりにそのわけを分析してみました。

●もともと一日の中で家族みんなで晩ごはんをゆっくり食べる時間が一番好きだった
←
●長男、長女が保育園に通っていたころは、家族揃って早めの時間に晩ごはんを食べていた
←
●次女が生まれ、また長男、長女が習い事や塾に通い始め、晩ごはんの時間が遅く、短くなった
←
●いつも夫婦で晩ごはんの準備をしていたのに、子どもたちの世話や家事をどちらかが担当することになり、一人で準備することが多くなった
←
●自分の思い描いている晩ごはんの時間ではなくなってしまった

そんな理由で僕は自分でも気づかないうちにイライラしてしまっていたのです。改

めて書き出してみると、

「え？　こんなことで？」

感がハンパないです。全く大したことないですよね。でも、今回書き出してみて気が付いたことがあるのです。

僕自身、おいしいものを家族で一緒に食べて分かち合いたい、という思いが強い。その思いが強すぎるあまり、いつもみんなで一緒に食べていた、子どもたちがまだ小さかった頃の過去を過度に美化しているのではないか。いつしか自分の願望を「みんなで一緒に作って食べねばならない」という自分勝手な義務感に変えてしまっていたのだな、と。その思いを家族に押し付けて、思い通りにならないからイライラしていた。それを見事に長女に指摘されてしまった。

しかし、子どもたちは成長し、家族が一緒にいる時間も変わってくるのは自然なこと。

みなさんそれぞれ自分の理想の食卓の姿があることでしょう。理想を持つことは必要だと思いますが、その理想を無理にあてはめようとしてはいけないのだと思います。

なぜなら、それはさらにいろいろな「ねばならない」を連れてくるから。

できるだけ手作りの料理を作らねばならない。子どもが苦手な野菜もきっちり食べさせねばならない。インスタントや冷凍食品に頼ってはいけない、などなど……。

僕の場合、その「ねばならない」の思い込みによって、自らを追い詰め、大好きな晩ごはんの時間をしんどい時間に変えてしまっていたのです。

9

「1日3食ちゃんと」は、必要ですか?

では、この厄介な「しなければいけないという思い込み」をいかにして排除していけばいいのでしょうか。

たとえば、「1日3食ちゃんと」は本当に必要なのか。

「1日3食というのがちゃんとしたリズムであり、子どものしつけにも絶対必要」とすると、休みの日、とくに長い夏休みなど、朝ごはん、昼ごはん、夕ごはんと作り続けてすっかり料理が嫌になる。そんなことはありませんか？　本当に1日3食必要なの？　我が家のケースを書いていきます。

まずは朝ごはん。元来大食いの僕は、ご飯に味噌汁におかずに野菜と朝からモリモり食べたいのですが、子どもも妻もパン派なので、必然的にパン食の朝ごはんになります。子どもの希望でお餅という場合もありますが、その時は子どもたちが自分でやってくれます。楽だわ♬

メニューは基本的にパンと焼いたキャベツやブロッコリー。そして目玉焼きやゆで卵などの朝ごはん。フランスロケでの名言「サンシャイン」後は、コーンフレークとヨーグルトだけや菓子パンだけの日もあります。料理家にしては質素だね、とか全然作らないんだね、とよく言われますが、その日は僕のサンシャインが輝かないから仕方ないです。

そして昼ごはん。僕と妻は、実はあまりしっかり昼食を食べません。体質だと思うのですが、僕はごはんを食べると急激に眠くなってしまいます。特にお昼ごはんを食べると、床に崩れ落ちてとろけるように眠ってしまいたくなる。午後からは全く使いものにならないおっさんになってしまうのです。妻は妻で、おなかがいっぱいになると体が重くて仕事にならないそうで、仕事で作った料理や昨日の残りものなどを軽くつまむ程度で済ませています。

子どもたちはというと、平日のお昼は給食にお任せ（給食は本当に素晴らしい！）。そして、休日のお昼はというと……最近では、ちゃんと作らなくてもいいか、と考えるようになりました。僕たち夫婦は仕事で一日中キッチンにいることが多いので、休日はやはりキッチンからは少し離れたくなります。そしてみなさんもそうだと思いますが、いつもより遅く起きる休日は朝ごはんを食べるとすぐ昼ごはんがやってくる。準備や後片付けをしていたらいつの間にかもう半日キッチンに立っている……なんてことはないですか？　なおかつ朝ごはんを食べて間もないので、ちゃんと作っても残されてしまうということも……。

なので我が家では休日の昼に限り、公園でコンビニのおにぎりを食べるだけとか、トーストを焼くだけとか、納豆ごはんだけとか、それでも立派なごはん！　と考えるようにしています。

さて、夜ごはんは僕の一番の楽しみです。しかし、いつもきっちり作るというわけではなく、気合いを入れて作る日もあれば、仕事で撮影した料理が並ぶこともあります。疲れているときには、もちろん外食やデリバリーなども利用しています。

これが今の僕と家族の生活に一番しっくりくるスタイルになっています。

実は先ほどの「昼食をしっかり食べるととたんに眠くなる」件、ちょっと心配になってお医者さんに相談したことがあったのですが、「アフタヌーンディップ」と呼ばれる現象らしく、食べる食べないにかかわらず眠くなるとのことでした。

そのうえ先生に

「そんなに心配やったら昼食べへんかったらええやないか」

と、衝撃的なアドバイスをいただきました。もちろん冗談だとは思いますが、「食べない」という選択肢もあるのだなあということに目からウロコが落ちた次第。

自分や家族にとってベストなスタイルとはなにか。いちばんいい方法は、かならずしも3食「ちゃんと」作る、3食きっちり食べることだけではないのかも。「ねばならない」を捨てて、「これでいいんだ」という方法を、あらためて考えてみるのもいいのではないでしょうか？

10

品数問題を解決する
副菜は「ごはん」！

毎日の食卓に品数を多く揃えないといけない。そんな品数問題について悩まれている方も多いと聞きます。

「え⁉　今日餃子だけ⁉」

と言われ、ブチギレそうになった経験、ございませんか？

餃子は、見た目のシンプルさとは裏腹に、ものすごく手間がかかります。キャベツ、ねぎ、ニラなどの野菜を大量に刻んで餡を作る。その餡を1個ずつ皮で包む。フライパンにきれいに並べて焼く。そうです、これは大仕事です。大量の野菜とひき肉と調味料とを和えるので、大きなボウルだって必要です。さらに、餃子の餡を包むときには、調理スペースも広くとられてしまう。やることがいっぱい。こうした手間も時間も空間も必要な料理を作るときには、どうしたって他に品数を増やすのが難しくなります。

「テーブルの脚が折れるくらい品数を揃えないといけない」といわれる食のおもてなしの国、中国にロケに行ったときのこと。訪問したご家庭でこんな光景がありました。保存容器にギュウギュウに詰め込んだ冷たい水餃子をそのままレンジで温め、タレをたっぷりぶっかけただけの晩ごはん。副菜どころかお米などの主食もない。それをとてもおいしそうに食べていたお父さん。その姿を見て、我が目を疑いました。全然、話ちゃうやんけ。

いや、まてよ、そもそも餃子には野菜もたっぷり、お肉だってたっぷり入っている。皮は小麦でできているから炭水化物も補えるのか。そうか、餃子こそ、これ1品だけで一食分まかなえるパーフェクトな料理だったのか。餃子を作ったら、はい、今日の料理はおしまい。全然OKなのです。

とはいえ実際、餃子だけでおなかいっぱいにしようと思うとかなりの数が必要になりますので、餃子の日はライスのみ添えましょう。いわゆる餃子ライスですよね。気持ちや時間に余裕のあるときだけもう一品副菜を作る。

実はこんなふうに、「品数をもっと減らしてもいいのでは？」と僕が講演会などで提案すると、「子どもの栄養が心配」とか、「品数が少ない＝手抜きごはん＝母親としてどうなのか」、と自問自答してしまう方が多いようです。

ちょっと待ってください。そもそも、その1食、もしくはその日1日で必要な栄養素をきっちり摂らなければいけない、と考えるのはあまりに無理というもの。例えばうちの場合、なんとなく最近のごはんを振り返って、「茶色いお肉系ばっかりだったな」と感じたら、「今日はちょっと野菜系のおかずを入れてみようかな」くらいのゆるさで考えています。時には野菜料理のかわりにきゅうりを丸ごと1本添えて良しとする日もあります。トトロ好きの子どもたちは意外に大喜びしてくれます。これが、我が家の実情です。

11　「一汁一菜」ですらしんどいとき

その週は月曜日から連日大きな撮影が続き、朝から晩まで仕事でもプライベートでもキッチンで過ごす毎日。そんな金曜日の夕方のこと……。

仕事終わりに、塾に行く長男のお弁当を詰め、長女と一緒に翌日の食材の買い出し&次女の保育園のお迎えに。

「今日はいつもの炒め物と具だくさんのスープでいいか」

そう思いながら子ども2人を連れて大量の食材を抱えて帰宅。妻はまだ仕事で外出中。

帰宅直後から始まる次女のエンドレス「あしょぼあしょぼ（遊ぼ遊ぼ）」攻撃。部屋中に散らかる子どものおもちゃやランドセル。後で保育園の着替えを洗濯して、お風呂掃除もしなければ。やらなければいけない仕事もまだ残っているのに……。

そんな状況の中、いざ料理に取りかかろうと思ったその瞬間、僕はこう思ったのです。

「土井先生、今日は一汁一菜も無理です……」

いつもは簡単に思える「炒め物と具だくさんのスープ」。ところが、その日は野菜を洗う気持ちにもなれなかったのです。

ご存じの方も多いと思いますが、尊敬する大先輩の料理研究家・土井善晴先生の著書『一汁一菜でよいという提案』は、世の中の献立に悩めるみなさんに大きな勇気を与えてくれました。ごはんを炊き、具だくさんの味噌汁を作り、あれば塩気として漬物を添えて、それでちゃんとバランスのとれた食事になる、と土井先生はおっしゃっています。

なのに、日本の食卓の希望の光、「一汁一菜」ですら作れない僕は料理家以前に人間失格なのでは？　生まれてすみません、と自己嫌悪に陥る僕……。

でもみなさんもこんな経験ありませんか？

家庭料理においてもっともシンプルで無駄のない一汁一菜。つまり、ごはんと、具だくさんの味噌汁とお漬物など。それですら、ときと場合、自分のメンタルの状態で、「無理！」と思う。

その日の晩ごはんは結局、子どもたちの熱い要望に応えて宅配ピザとなりました。晩ごはんの食材を買ったうえ、さらなる出費ではあったけれど、僕も楽できたし、子どもと楽しく食べられたので「ま、いっか」と思った夜でした。

土井先生、どうかお許しください。そしてこんな迷える子羊の僕に対しても、

「そんなんでええんですわ」

とやさしいお言葉、かけていただけますよね？

12

料理が苦手な方へ

料理がもともと大好きで得意な方、ごはん作りに何かしらの楽しみを持ち、意義を感じておられる方、そんな方はそのままおいしいごはん作りに励んでください。とても素晴らしいことだと思います。

反対に料理はもともと苦手、不得意だと悩んでいらっしゃる方もいると思います。

そもそも料理の技術というのは専門学校にでも行かない限り、学校の調理実習以外では自己流で習得していかなければいけません。なのに、なぜか料理は「できて当たり前」ぐらいに（女性に対してはそういう謎のプレッシャーはまだ強いですよね）思われる。

実際、料理教室に通ったり、レシピ本を見たり、インターネットやＹｏｕＴｕｂｅ

で調べたり……。現代では習得するには様々な選択肢があり、便利な時代ではありますが、やはりすべては本人の努力の賜物。

僕も料理研究家である母親から学んだり、世界各国のレシピ本を見たり、海外で学んだり……。様々な方法で自分なりに技術を習得してきました。そして現在も勉強する毎日。終わりはありません。

考えてみると生活の中で料理ほど多岐にわたる技術や知識の習得が必要で、なおかつだれもが当たり前にできることを求められるものは存在するのかな、と疑問にも思います。洗濯や掃除はそれぞれに大変なことではありますが、料理ほど複雑ではない。しかもロボット掃除機や全自動洗濯機などのサポートによりずいぶん労力は軽減されつつある。

一方、料理に関しては、食器洗い機といった様々な便利家電が発売され、ネットスーパーなど便利なシステムも整いつつありますが、根本的な部分ではあまり昔と変わりはないように思います。

野菜の旬や栄養、素材の選び方から下ごしらえの方法、調理の技術、段取りなど、程度は人それぞれだとは思いますが、器用な人も不器用な人も、段取り上手な人も段取りが苦手な人も、好きな人も嫌いな人も、ごはんを待っている家族がいる以上、みんなが同じように日々のごはん作りに向き合わなくてはいけない。

だから僕は料理が苦手だという方、不得意だという方こそが、一番がんばっているのではなかろうかとも思うのです。料理が苦手な方は自分のことを責める必要はなく、自信をもって「自分の料理」をして自分を褒めてあげてほしいと思うのです。

13 手料理＝愛情？

手料理は愛情――本当にそう言いきれるでしょうか。

僕は仕事やプライベートでほぼ毎日、朝から晩まで料理をしています。でも、手料理と愛情を一度切りはなして考えてほしいと感じるのです。料理は料理。ごはんはごはん。それが１００％の愛情を保証するものではない。愛情の大きさと手料理は別のものとして考えてほしいのです。

僕の講演会に来てくださったお客様からの質問タイムで、毎日忙しく、子どものために手料理ができないという悩みを打ち明けてくださる方がいます。その本質は、「料理ができない」＝「子どもに対して愛がない」という思い込みによる不安なのではないか？　と思うことがあります。しかし、「手料理＝親の愛情の大きさ」と考える必要はありません。愛情を込めて作ることは間違いなく良いことだし、素晴らしいことなのですが、実は、「手料理＝愛情のバロメーター」ではなく「手料理＝余裕のバロメーター」と考えた方が、しっくりくるのではないでしょうか。

手料理に必要なのは、心の余裕、時間の余裕です。料理が苦手でも嫌いでも、心や時間に余裕があれば、作ってみようかなという気持ちが湧き出てくるかもしれない。だから、

「もう無理、めんどうくさい。疲れたから料理を作りたくない」

そう思う自分に罪悪感があるママは、ただ単に「余裕」がないだけなのです。ですから手の込んだ手料理や手作り弁当を作っているママが身近にいたとしても、その人と比べて自分は愛情が足りないと自己嫌悪に陥る必要はありません。そのママは「心と時間の余裕」があるだけなのです。

だから、料理ができなくても「子どもへの愛情が足りないんだわ……」なんて思わなくて大丈夫。それは、単にあなたがちょいとキャパオーバーになっているだけで、

物理的に無理なだけなのです。実際は難しいことだとは思いますが。まず今は、少しでも自分のために心と体を休める時間を見つけることが必要なのだと思います。

では、毎日のごはんと愛情は関係ないのか？　いやいや、そんなことはありません。僕は「子どもの満腹感＝親の愛情」だと思っています。

おなか一杯食べさえすれば、子どもは愛情を感じてくれるはずです。だからごはんを食べさせてもらっていない子どもは、愛情を感じるのが難しくなります。子どもがおなかがすいたと泣いているのに、親御さんが携帯電話やゲームに没頭していたらそれは愛情不足だと言われても反論できないかもしれません。

子どもが満腹になれるなら、必ずしも手料理でなくてもよいのです。外食でもお惣菜でもレトルト食品でも、ときにはフルーツやお菓子だけでも何でもよいのです。子どもが、「おなか一杯！　ごちそうさま！」とおなかが満たされたらＯＫなのです。子一緒に食べることができたならなおよし。それでもう、あなたの愛情は十分伝わっているから大丈夫！

「なんでもいいからおなか一杯食べさせてあげる」。それだけで、子どもにとってあなたは愛に溢れる親なのです。

14

「料理研究家らしく」ない自分

以前の僕は、心のどこかに、料理研究家はこうあるべきという姿がありました。ネットなどで見る他の料理家さんの、素敵な日常の料理の数々やそれに対する称賛のコメントなどを目にすると、「そうできていない」自分（要するに「こうあるべき、と自分が思う料理研究家らしくない」自分）に焦りというか小さな罪悪感を抱いていたのです。

自分のインスタグラムでも、載せるのは主に仕事の告知、たまに自分で作った料理。自分も素敵な普段のごはんを載せたいとは思いつつ、実際、フォローしてくださっている方からいただくコメントも、「もっと、日常の食卓で作っている料理をのせて欲しい！」という要望もありました。でも、それができていない自分……余裕がない自分……。

そんな気持ちを解消するため、僕がしてみたことは、僕が作っている料理を三つのカテゴリーに分けて考えてみることでした。

まず一つ目は「仕事」の料理。

毎日、仕事で何品ものメニューを考案し、撮影しています。要望に応えるため、役に立つよう喜んでもらえるよう、試作を重ねる日々。最終的には素晴らしいスタッフさんのおかげで、見栄えのする素敵な料理が完成します。これは、プロとして作る料理です。

二つ目は「趣味」の料理。

これはプライベートで自分の楽しみのために作る料理です。自分が食べたい、作りたいメニュー、使ってみたい食材など料理の探求も兼ねながら、料理自体がストレス発散にもなるし、何よりも楽しい時間を過ごせます。素敵な調理道具や器などを使えばより気分も良くなる。うまくできれば写真にだって撮って残しておきたくなります。

そして三つ目は「家事」の料理。

これは日々、家族のために作り続けている料理です。余裕がなくても、自分が食べたくなくても、疲れていても作らなくてはならないもの。彩りや盛り付けなど見た目は二の次。とにかく短時間でパッと家族が喜ぶものを作って、すぐに食べてもらってすぐに片付ける。器だって、使いやすさや割れにくさを重視。作家さんの素敵な器を使おうものなら子どもたちがすぐに割ってしまいます。もちろん写真におさめる暇も余裕もなければ、それ以前に全く写真映えもしない。

こうやって改めて考えてみると、「料理研究家の仕事」と「自分の趣味」と「家族のための家事」という三つの料理は全く別ものという気がします。そして実は、僕の生活のほとんどを占めているのは「家族のための家事」の料理です。料理研究家である前に父親。だからプライベートの料理でも、「料理研究家らしく」ある必要はない。そう思うと気持ちがずい分楽になったのです。

ちなみに僕がインスタグラムに載せている子どもとのおやつ作りの写真もＹｏｕＴｕｂｅの朝ごはん作りの動画も、その裏には買い物や準備、膨大な洗いものや掃除などの家事であふれ返っている。みなさんが日々目にする素敵な世界もそんなものかもしれない。その裏には、きっと僕と同じように家族との日常が広がっているかもしれません。

15

キャラ弁を作ったら全力で褒めてほしい

実は僕の妻はキャラ弁作りが大好き。完全に自分の趣味だと公言しています。子どもが「○○作って！」と言うと、早朝からスマホで画像を検索して、それを見ながら器用に作っていきます。僕も真似できない、かなりハイクオリティのものを作ります。「うちのママすげぇ〜！」と感動していたのも束の間、ある問題が浮上してきたのです。

最初は、ねこちゃんやくまちゃん、パンダちゃんなど、線と丸でできるシンプルなキャラクターで満足してくれていた子どもたち。次第に「ミッキー作って〜」「仮面ライダー作って〜」「プリンセス作って〜」。どんどん要求は具体的になり、激むずキャラを要求してくるように……。

そう、子どもにとってママがキャラ弁を作ることは当たり前になってしまったのです。こうなるとさらなる大問題が発生します。どんな問題か？　それは、家族が「調子に乗る」という問題です。調子に乗るとさらに当たり前のように要求がエスカレートしていきます。

ママは家族のためにと思ってがんばります。最初、家族はとても感謝してくれます。すごいね、と褒めてくれます。だからママはちょっと無理をしてがんばります。家族は喜んでくれます。さらにママはがんばり続けます。そのうち家族にとってはそれが当然のことになります。これって、料理をはじめ、日常のあらゆる家事にもあてはまりませんか？

本来大変で難しく、膨大に時間がかかることが当たり前になってしまう、手間と時間をかけて作った料理を当たり前のように食べて終わる。そのとき、ママが感じる「虚しさ」はきっと食べる側は気付いていないでしょう。

この「がんばりの当たり前化現象」を阻止するのはなかなか大変。そもそも家族が喜んでくれるから私も嬉しいという喜びの循環からママはがんばってしまう。家族がそれを理解した上で感謝しなければいけないのですが、なかなかそうもいかない。ですからもうママは家族が調子に乗らない（？）よう、自ら予防するしかないのでは？と思います。

全部の要求にこたえなくてもいい。無理のない範囲でできることだけで十分。

もし今日は私ががんばったぞ！　という日があったなら、遠慮なく家族に「すごく大変だったけど、今日、ママはみんなのためにがんばった！」と自ら伝えてみてください。ここが大切。できて当たり前、やってもらって当たり前ではなく、がんばったことを強調する。「ママ見て見て〜」という子どものように、褒めて褒めて〜というオーラを出してみたらどうでしょうか？

家族はママのことが大好きですから、がんばったことはきっと伝わるはずです。そしてママのがんばりを感じて認めて誇らしく思ってくれるでしょう。当たり前のように次から要求してくることはない（はず）です。

そしてもしパパがこれを読んでいたら、パパには任務があります。

「ママにちゃんとありがとうと言った？　ママすごいよね！」

と子どもに伝えてほしいな、とパパである僕も自戒として思うのであります。

16 海外の「詰めるだけ」のお弁当

日本のママのお弁当は間違いなく世界一のクオリティーです。

海外にももちろんお弁当はあります。取材で海外のご家庭を訪ねることも多いのですが、各国の食文化を反映するようなおかずやお弁当箱があります。

そして、やはり、というか予想通りというか、海外のお弁当は超質素！

フランスのブルターニュに行った時、マダムが小学生の子どもに作ったお弁当は、地元の名物、オイルサーディンとバゲットをボックスに詰めてカバンに入れただけ。ちなみにサーディンは缶のままです。それをお昼にバゲットに挟んで食べるだけというシンプルさ。

ブータンのお母さん作のお弁当は、たっぷりのごはんと、前夜のおかずの残りの「ケワダチ」というじゃがいものチーズ煮をのっけただけのお弁当。おかずは1種類のみ。東南アジア諸国は格安の屋台で購入というケースが多く、登校時やお昼時には小学校の周りに移動式の屋台が集まってくるのです。

ドイツ、デンマークはコールドミール大国なので、簡単なサンドイッチか、パン、チーズ、ハムなどを、ランチボックスに詰めるだけ。以上。

そう、海外では「お弁当＝購入、もしくは、詰めるだけ」が多いのです。一方、日本のお弁当はというと……日本のママは本当にがんばっていると思います。毎朝子どものために夫のために早起きをしてお弁当を手作りするママは本当に偉い。

見栄えよし！　栄養よし！　味もよし！　の手作り弁当を家族に食べてもらいたい、でも市販品にはなるべく頼りたくない……と、日々頭を悩ませる。

海外のお弁当の「詰めるだけ」とは違い、彩りを考え、栄養バランスを考えて、おかずの種類も工夫して一から手作りしてきれいに詰める。最近は保温弁当箱などで、温かいまま食べられるようにという気遣いまで！　正直、大変すぎます。

お弁当を頑張った日は自分を褒める。自分は、世界レベルであることを思い出し、

「今日もいい仕事したな」と思って間違いないと思います。そして一度、「今日はフランス式」、「ドイツ式」などとシンプルなお弁当の日を作ってみてはいかがでしょうか。案外新鮮で家族が喜んでくれるかもしれません。

17

理想と現実
「いやなことをシェアする」

料理に限らずですが、家事は「やっても褒められないけれど、やらないと文句を言われる」という理不尽な作業です。

理想は料理を作ったときはおいしいねと褒めてくれて、疲れて料理ができないときは何も言わずに手伝ってくれる。褒めるまでいかなくても、「今日はごはんがすすむな」「この料理は好きだな」と興味を持ってくれるだけでも嬉しいものですよね。

でも現実は真逆。

時間をかけて作っても、品数を増やしても、無言で黙々と食べるだけ。ごはんの時間が遅くなると「まだ〜？」、品数が少ないと「これだけ〜？」と文句を言われる。そして食後はソファーに座ってテレビや携帯電話に熱中しはじめる。だれも自ら後片付けを手伝ってはくれず、ひたすら我慢する日々……。

この理想と現実のギャップが私たちを苦しめます。

せめて、感謝の言葉を口に出してくれたら少しは気持ちも楽になるのですが、それが実は一番難しい。「おいしいね」「ありがとう」など、褒めたり、感謝の気持ちを表現したりという習慣がない人にとっては、それを口に出して言うことはとても難しいことです。心の中で思っていても照れくさくてなかなか言えなかったり、言わなくても伝わっていると思い込んでいたり、理由は様々です。

僕がよく耳にするのは感情を表現するのが恥ずかしい、という声。すでに何年も何十年も一緒に生活していると、当たり前となったお互いの習慣を変えることはなかなか難しい。それを今日からきちんと表現してほしいと伝えても、やはりハードルが高いのかもしれません。

また、仕事で帰りが遅いパートナーに料理を手伝ってもらうことは物理的に不可能だという方もたくさんいます。そんな状況の中、ごはん作りを手伝ってよ、なんてなかなか言いづらいし、現実的ではない……。

ではいったいどうしたらよいのでしょうか？　やはりいつものように我慢するしかないのでしょうか？

抜本的な方法はないかもしれませんが、僕は夫婦の価値感のズレを少しでも修正することが大切だと思っています。

夫婦の価値観は、好きなことを共有するよりも嫌いなことを共有する方が重要だそうです。それは日常生活にも言えることで、自分が嫌だと感じることを相手がしないことで、より余計なストレスが生まれないのです。

それを料理にあてはめてみます。あなたが日々の食事作りや食卓の中で家族のここが嫌だ、ここをやめてほしいと感じるポイントは何ですか？　その順位を考えてみましょう。

「また惣菜？」「買ってきたおかず⁉」と手料理を強いられること。

「味が薄い」など出来上がった料理に文句を言われること。

料理中にあれこれ口を出されること。

食事中に無言で携帯電話を見られること。

せっかく作った料理に手を付けず残されること。

そしてその中でも、あなたが特にストレスを感じることを、家族にきちんと伝えてみるのはどうでしょうか。まずは家族と「嫌なことを共有する」ことが必要だと思います。相手に「こうして欲しい」という「理想」を叶えてもらうより、まずは、「今ある現実」で、気になっていることをやめてもらう方が意外とすんなりいくように思います。

ただ家族とはいえ、伝えることがなかなか難しいのも現実。それはよく分かります。けんかに発展してしまっては元も子もありませんよね。

僕が妻と実践しているのは、２か月に一度くらいのペースで、夫婦で普段他愛もない話をしているとき、最近の「気になること」をひとつずつお互いに報告し合うようにしています。もちろん文句を言うのではなく、あくまでも軽い感じで。お互いに一つずつ、と決めておくと、案外嫌な気持にはならないものです。

ちなみに僕が最近言われたのは、「ベッドの横に飲み終わった水のコップを置きっぱなしにすること」でした。いつも妻が片づけているそう。僕はあまり意識していなかったので言われてみて「そうか！」と思い、次の日から気を付けるようになりました。こうやって定期的に「嫌なことをシェア」しているので、年々お互いにストレスを感じることが少なくなりました。

理想を家族でシェアするよりも、現実にあるストレスの素を家族でシェアすること、そんなアプローチの仕方もあるのでは、と思っています。

18 僕と妻の家事分担と「能力差」

取材を受けていると「ところで奥様との家事の役割分担は？」とよく聞かれます。我が家の役割分担を説明する前にまずは仕事の話から始めたいと思います。

僕は自宅のキッチンスタジオで料理を作って撮影することが、日々のメインの仕事になります。そのほか取材や原稿の執筆なども自宅で行っています。一方で講演会やイベント、メディアのロケなどで出張も多い。

妻は、僕のマネージャーとして仕事をしています。料理のアシスタント、電話やメール応対、スケジュール管理や経理、デスクワーク全般（僕はデスクワークが超苦手）など多岐にわたります。僕が料理の仕事ができるのは、妻の働きがあってこそなのです。

夫婦揃って在宅業務という日も多い。そんなふうに良くも悪くもお互いのスケジュールを完全に把握しているので、お互いの仕事の状況と相談しながら家事も育児も分担しています。

3食のごはん作りに限らず、特にどちらがどの家事、育児をするといったきちんとした取り決めはなく、ざっくりとした考え方だけを共有しています。例えば、手が空いた方、気づいた方が率先して行う。どちらかが料理を作っていたらもう一人はその間に洗濯をするなど効率よく行う。妻は整理整頓担当、僕はトイレ掃除担当など、なんとなくのお互いの得意な家事の棲み分けをしておくなどなど。

そんなふうに、できるだけお互いの負担が50：50になるように調整しようという暗黙の了解があるのです。なぜなら、そうしないと仕事と家庭が全く機能しなくなるからです。

ただ僕の出張が多いので、その間は妻がワンオペになってしまうこと、または育児の中でも特に学校や習い事、勉強のことは完全に妻が担当している（僕はスポーツと遊び担当）ので、トータルで見ると妻の方に多くの負担がかかってしまっています。

そもそも仕事自体もそれぞれで役割分担している我が家はちょっと特殊な状況。会社員のご主人と専業主婦の奥様や、共働きのご夫婦に比べると、料理に限らず家事分担をしやすい状況ではあります。

ただ、僕は実は同時に二つの家事をこなすのが苦手です。効率は悪いと思いながらも、ひとつひとつを確実にこなしていくやり方で家事をしています。

長男がまだ2～3歳だったころ。「料理を作りながら子どもをあやす」ことが全くできなくて……。経験を積んで、今ではなんとか同時にできるようになったのですが、当時はちょっとしたパニックでした。

その半面、妻の家事における卓越した同時処理能力の凄さは、ただただ尊敬です。僕は、締め切りに追われて必死で原稿を書いているときがよくあります。そんな時、妻は料理をしながら洗濯をし、上の子の宿題を見ながら下の子をあやしてくれる。僕にはとうてい無理です。

でも世の中のママたちは、当たり前のようにそれをこなして日々過ごしているわけですよね。広い視野を持ってアプローチし、同時に二つ以上の家事をこなすママたち。

まさに神！

僕は同時に複数の仕事を平行して進めることに関しては、もともと女性の方が男性よりもその能力に長けているのではないか、と感じることがよくあります。世の男性の中には、僕のようにひとつの家事をするので精一杯という方も多いと聞きます。家事は女性がやるべきだという男性側の勝手な思い込みと自覚なさゆえの経験不足がそうさせているケースもあるかと思いますが、いくら経験を積んでも、家事や育児の能力は女性に敵わないのではないかと思うのです。

そのような違いがあることは認めつつも、だからこそパパはもっと積極的に、ママから学ぼう！　という姿勢や気持ちの持ちようが大事だし、そうすることでお互い感謝し、敬意を払うことできるのでは、と思います。

19

駆け込み寺

毎日のごはん作り。しんどくなる前に、「駆け込み寺」を積極的にリストアップしておくことをおすすめします。

これまで見てきたように、ごはん作りとは、孤独な自分自身との戦いであり、根拠のない罪悪感との戦いでもあります。

「今日なんにしようかなあ」と、思う。そして自問自答が始まる。

「今日はこれでいいのか？」

「栄養は足りているのか？」

「バランスは悪くないのか？」

作りながらそんなことを考える。

「昨日も副菜は出来合いのお惣菜だった」

「肉ばっかりになってしまって、魚も食べさせないと食育には悪いのではないか」

「旬のモノとかを食卓に積極的にのせるべきなのか？」

そんな気持ちに追い詰められることも多い。一方、自分で「こうしなければならない」と固執することで、自分を苦しめているケースもあるのは、これまでにも書いてきました。

なので、ごはんを作りたい気持ちにならないときは、「この範囲ならＯＫ」「やる気が出ないときはこれに決めておく」など、「駆け込み寺」をできるだけ多く用意しておく、ということが大切になります。

具体的に言うと、子どもや家族がよろこんで食べてくれるもの、料理しない「罪悪感」を帳消しにしてくれる、自分で自分を許してあげられる、「ま、いっか」と思えるアイテムを用意しておくのです。

例えばインスタント食品にもいろいろな味がありますよね。家族の好みのものを買い置きしておく。出来合いのお惣菜も、おいしいお店で買えばごちそうにもなる。

うちのケースです。妻の実家に帰省した時、ばあばが子どもたちにチ○ンラーメンを食べさせてくれたことがありました。何となくインスタントラーメンには罪悪感があり、我が家ではほとんど食べたことがなかったのですが、子どもたちは予想外に大喜び！　にこにことうれしそうに食べていました。その様子を見ると「ま、いっか」と思えたのです。それ以来、我が家には、お昼の選択肢のひとつにチ○ンラーメンが追加されました。

スーパーで販売している焼き鳥やコロッケも、朝ごはん代わりの菓子パンも、僕にとってはいざというときに頼れる駆け込み寺的な存在。

合言葉は「ま、いっか」です。

20

「男の」料理研究家

僕は２００５年に独立し、大阪から上京しました。当時はケンタロウさんなどが先陣を切って活躍されていましたが、男性の料理研究家の数はまだ少なかったように思います。シェフや板前さんではなく、「男の料理研究家っていったいなに？」「女性がやる仕事だよね？」と言われることも当時はまだ多くありました。

本来料理を作ることにおいて「男性、女性の区別」などないはずなのに、「男性が家庭料理を紹介する」ことが少し異質だったのだと思います。

「家庭料理は女性が作るもの」だからこそ、「男性」ということがクローズアップされてしまう。男が料理の仕事で厨房には入るのはいいけれど、家庭のキッチンに入ることに対しては否定的。男らしくない、女性的だ、と言われることも多くありました。

仕事や趣味の料理は男性、うちで作る日々の料理は女性、といった一般的な区別があったのかもしれません。

依頼がある企画も「男が喜ぶ」料理がメイン。うちのごはんは、あくまで女性が男性のために作るので、そんな女性のニーズに応えて男性の料理研究家が「男が食べたいであろう」レシピを紹介する企画が多くありました。

しかし、時代は変わります。現在では男性料理家も増えてきて、男性タレントさんが家庭料理を紹介することも多くなり、男性が家庭料理を作ることに違和感を持つこともなくなってきました。と同時に男が喜ぶ料理を作るという企画もほぼなくなり、男性料理家、女性料理家の区別もなくなってきた。それが当たり前になってきた。時代が変わると価値観も変わる。ということを、料理研究家の立場から肌で感じてきました。

それとともに家庭で作る日々のごはん、食卓における男性の今後のあり方も、もっと変わっていけたらいいなと考えています。いやきっと変わるはずです。

僕の料理の記事を見て、パパや息子が料理を作ってくれた、自分や彼女のために僕のレシピを参考にしている、などという声を寄せていただくことも増えました。

だから僕は希望を持っています。

食卓作りは女性だけの仕事ではない。女性、男性の区別なんてなくなり、全ての人のためにあり、家族みんなで作っていくものになるはずだと。

21 レシピ本は人を幸せにするのか

僕のレシピ本のデビュー作は、『人が幸せになるにはごはんを作ればいいと僕は思う』というタイトルです。

これは、当時の僕の気持ちを表現しています。

しかしその後、何十冊とレシピ本を出し、料理研究家としての仕事を続けていくうちに、僕はこんなふうに思うようになりました。

「ごはんを作れば、本当に人は幸せになるのかな?」

「レシピ本で人は幸せになるのかな?」

新しいレシピを紹介すればするほど、レシピ本を出せば出すほど、日々耐えながらごはんを作っているみなさんを、さらに過酷で孤独な戦いの場に送り出してしまっているのではないか。

以前、世の中にはレシピの情報があふれすぎているというご意見をいただいたことがありました。レシピが多すぎるために献立を考えているとだんだん追い立てられているような気持ちになるのだそうです。

ネットで「生姜焼き　レシピ」と検索すると何百万件ものページがヒットします。オーソドックスなしょうゆ味はもちろん、味噌味、カレー味、アジア風、洋風……挙げだしたらきりがありません。もちろん、検索すれば僕のレシピもヒットし、生姜焼きだけでも何種類ものレシピが掲載されています。便利である一方、その中から日々家族の好みに合う手軽なレシピを探し出すのは至難の業。自分のためなら多少失敗してもおいしくなくても問題はない。でも家族のためとなると大きな責任とプレッシャーが伴います。そう考えると、「レシピなんて、もうそんなに必要ないのでは？」と。

手を替え品を替え、いろいろなレシピを作ること、それは本当に求められていることなのだろうか？　料理を作って人が幸せになる、ということは、レシピのバリエーションを増やしたり料理のスキルを上げたりすることではないのではないだろうか。それよりも今必要とされているのは、ごはん作りを取り巻く環境や、ごはん作りに対する家族の考え方を変えていくことではないか。そのように強く感じたのです。

その一方、ただでさえ日々のごはん作りが大変なのに、環境を改善したり家族の意識改革を行おうとしたりすることで、新たな負担を増やすことになりかねない……。それだと本末転倒なのでは？　と感じたり。

悶々とした気持ちを抱えたままここ数年過ごしていましたが、その思いを払拭してくれるきっかけがありました。

22

YouTubeで気づいたこと

日々の献立に悩み、なんとかヒントを得たいと思ってレシピを見る人をさらに追い詰めているのではないだろうか……。

そんな僕の自問自答に一つの答えをもたらしてくれたのが、２０２０年3月に開設したＹｏｕＴｕｂｅチャンネルでの動画の配信でした。

「料理研究家である僕の自己表現の料理」ではなく、実際に今「料理がしんどい」と感じている方も、作ってみようかなと思えるような、わかりやすくてシンプルな料理。「余計なもの」をできるだけ削ぎ落とし、素材も工程も減らしたレシピ。そして何より見る人が、料理って楽しそう！　と前向きになれる。そんなコンテンツを目指してスタッフさんの助けを借りながら、動画を制作しています。
その中でも人気のメニューをいくつご紹介させていただくと、

●副菜をたった3分で！　パリっと激うまきゅうりの簡単しょうゆ漬け
●10分でできる簡単！　ご飯がモリモリ進む野菜たっぷり豚プルコギ
●ワンランク上の味わい！　ビールのおつまみにもなる究極のポテトサラダ
●包丁いらず！　10分で野菜たっぷり超簡単レシピ！　豚とレタスのうまみ蒸し
●フライパンひとつ！　とろ〜り甘酢&タルタルで食べる鶏むね肉チキン南蛮

などなど。

まだまだ手探りではあるのですが、やはり喜ばれるのは定番メニューや肉メニューなど、パッと見てわかりやすいものでしょうか。

あとは、包丁いらず、フライパンひとつ、10分でできるなど、ちゃちゃっと簡単にできて、ごはんによく合うおかずも人気があります。

そして旬の野菜がたっぷりとれる、大人も子ども食べられるのもポイント！

やはりできるだけ、手間いらずで奇をてらわず、ボリューミーでおいしく作れるものがよいようですね。


そしてYouTubeチャンネルを開設してから間もなく、各動画のコメント欄に

「実用的で助かる」

「料理をするのが楽しくなった」

「早速作ってみました！」

といった温かいお声が数多く届いたのです。

そんな皆さんのコメントを読み、単純に嬉しく、僕自身が励まされています。僕が発信したレシピがすぐ皆様に届き、作ってみました、という反応が短時間でダイレクトに届く。双方向メディアならではの良さです。そしてそのレシピが皆様のご家庭でさらに進化し、発展していることが感じられる。


一時期は「レシピ本はもういらないのではないか？」とまで思っていた僕が気づかされたのは、レシピそのものが不必要なわけではなく、自分の「料理がしんどい」状況を変えてくれる、作って楽しい気持ちにさせてくれるようなちょっとした処方箋のようなレシピや、作る人の気持ちに寄り添うようなレシピが必要なのだ、ということでした。

皆様からのメッセージで励まされた僕が思うのは、ただ単にごはんを作るだけでは人は幸せになんて絶対になれない。作っている人だって幸せにならなければ意味がない。

「作ってみたくなる楽しいレシピに、家族やパートナーなどの頼もしい協力者、そして料理を作らない日も、ちゃんとあれば」、きっとだれもが幸せになれると今は思うのです。

※「野菜たっぷり豚プルコギ」のレシピはP１８４へ。

23 「ステイホーム」が教えてくれたこと

この本の原稿を書きすすめていく中、新型コロナウイルス感染症による緊急事態宣言の発令で、やむを得ず自宅に待機せざるを得ない状況を経験しました。各家庭で様々な変化があったことと思います。家族がずっと家にいて、一緒にごはんを食べる状況は、現代の日本ではまさに「家庭の一大事」だったことと思います。

仕事や学校など、それぞれの事情ですれ違いの多い生活から、家族が家にいて3食を一緒に食べる生活への急激な変化。「うちの食卓こそ緊急事態」という声を耳にするようになりました。給食もなく、外食もできず、毎日レトルトやお惣菜ばかりにも頼っていられない。毎日3食を「ちゃんと作らなければ」いけなくなった。おじいちゃん、おばあちゃんやご近所さんからのヘルプも難しい。緊急事態宣言によって、これまで以上に、料理を担当している方（多くはママ）は負担が増え、毎日、3食の料理をする大変さを再認識させられることになった。

一方で、こんな声も聞かれるようになりました。

「うちのパートナーが洗い物をしてくれるようになった」
「料理を一緒に作るようになった」
「子どもがお手伝いしてくれた」
「買い物に行ってくれた」

家族みんなで過ごすことにより、だれかが自分のためにごはんを準備し後片付けをしてくれている現実を目の当たりにすることになった。そしてそれがどれほどしんどいことであるのか、これまで見えていなかった、あるいは見ようとしていなかったことに気付くきっかけとなった。しんどさを抱えながら家族を支えていてくれる、料理をする人の姿を見て、そこから感謝の気持ちが生まれた方も多いのではないでしょうか。

そしてその気持ちを目に見える形、「家族それぞれができることをシェアする」という本来なら当たり前だったけれど、ついつい後回しになっていたことを、共有できるようになった。

「無償の愛」も、もちろん家族を支えるためには素晴らしいこと。しかしこの「ステイホーム」が「お互いに支え合う」という本来の家族の在り方を改めて見直すきっかけになったのではないでしょうか。

24

うちのごはんを笑うな

もうひとつ、コロナ禍で起こった変化なのではないかと思っているのが、以前抱いていた他者のＳＮＳの素敵な生活への憧れは消えていくのかもしれないということです。危機の状況下では他者の価値観が我が家に入り込む隙間はなく、他者と自分を比べて罪悪感を抱きにくくなるのかもしれない。こんな状況を体験したからこそ、むしろ「よそはよそ、うちはうち」と開き直れるかもしれない。そして自分自身や、家族の価値観を家族みんなで構築しやすいのかもしれない。頼れるのは家族だと実感するかもしれない。

コロナのなかった時代とは、明らかに環境が変わったと思います。今までは家族の役割や関係にまつわる家庭内の食卓の環境すら変えることができなかったのですが、非常事態があらゆるものを「本当に必要かどうか」あぶりだしたと思うのです。こんなに環境が変わると家族も変わることができる。もしかしたら、コロナの感染拡大が収束し、元の生活に戻ると、家族もまた元に戻り、自分ひとりの孤独な戦いの日々に戻ってしまうのかもしれない。でも家族の中で新たな気づきがあったこと、感謝の気持ちを抱いたこと、それは決して忘れてはいけない。

また、毎日の食卓の悩みにしても、毎日ごはんを作ろうが作るまいが、家族がどんなものを食べても、また何を食べさせようとも、茶色いおかずだけだとしても、冷凍食品ばっかりだとしてもこれは自分たち家族の問題で、自分たちがＯＫなら万事ＯＫなんだ。家族でできることを分担する、それができないときはしてくれた人に感謝する、大変なときは休む時間を作る。毎日がごちそうでなくていいし、完璧でなくていい。そのうえで、家族の好きな料理、自分が食べたい料理、作ってみたいレシピに挑戦してほしいなと思っています。それがそれぞれのうちの「未来の食卓」につながる。少しでもそんなふうに変われた部分があるのではないか、と思うのです。

「うちのごはんを笑うな」。

むしろうちのごはんにもっと胸を張っていい。

コロナは人の命や、仕事やいろんなことを奪い去った憎きものです。でもそれぞれの家族で過ごした時間は、未来に向けてのポジティブな展望が垣間見え、一筋の光が射したような気もするのです。

第2章

理想と現実の間を埋める方法

25

大皿料理の落とし穴

今も昔も日本の食卓はごはんに汁物、主菜に副菜といった献立が主流です。そしてごはんは飯碗に、汁物は汁椀に、主菜は平皿に、副菜は小鉢に、と個別盛りが基本。それにプラスして、お箸やスプーンなどのカトラリー、飲み物用のグラスや湯飲みといったように、様々な食器を使います。

そう、使う食器の数が多すぎるんじゃ！

その結果、洗い物も多すぎるんじゃ！

これが「料理がめんどうくさい」という気持ちを引き起こす大きな原因のひとつ。みなさんも料理を作るというより、どちらかというと料理の準備や後片付けが大変なのではないでしょうか？　料理を作るのと後片付けはセットですから。

また、料理中に発生する調理器具の洗い物問題もあります。調理に使ったフライパンや鍋は、食べる前にある程度洗って、キッチンをすっきりしておく方が本当はベスト。食後、短時間で、手早く片付けができる。はい、わかってるんです。でも作るのに精いっぱいで、しかも子どもがいたりするとなかなかそこまで手が回らない。そうなると結局最後にまとめてすることになって、より時間がかかってしまいます。

そんなわけで、洗い物の手間を少しでも減らして料理を楽しくする工夫のひとつとして、僕は大皿料理をおすすめしています。食卓の真ん中に全員分のお料理を一皿でドーンと置いて、あとは各々で取って食べてもらうというビュッフェスタイルです。

しかし、この「大皿どん！」スタイルは、一歩間違えれば洗い物がいつもより増えてしまうことに。

例えば、こちらの献立。

メインは麻婆豆腐、副菜は卵スープとサラダ、そしてごはん。これを大皿に盛り付けて各々が取り分けてみます。

そうするとどうなるか。

大皿料理だからお皿が減るはずだったのに、麻婆豆腐用の取り皿、ごはん用の茶碗、スープ皿、サラダ用の取り皿が人数分必要になるのです。そうなると、結局最初から1人分ずつ盛り付けるのと同じ量の食器を使うことに。しかも大皿に盛った分、大皿を洗う必要も出てきてしまうという、まさに本末転倒！

大皿料理が、一転して片付ける食器が山盛り料理にならないよう、作るときの鉄則をお伝えします。

❶大皿料理といっても大皿は使わない。フライパンごと、鍋ごとテーブルに出す。
❷取り皿は平皿を各自1枚のみ。
❸汁物、汁気の多い料理は作らない。
❹お茶碗は使わず、ごはんも❷の取り皿（平皿）に盛り付ける。

この場合使用する食器は4人家族だと平皿4枚とカトラリーとコップだけです。また、料理に使ったフライパンを食事前に片付ける必要がなくなります。❶のフライパンごと、鍋ごとに抵抗がある人もいるかもしれませんが、その場合は食卓の真ん中にあえて出しても見栄えする、お気に入りの鍋やフライパンをひとつ持っているとよいですね。

※「大皿料理」のレシピははP174。

26

洗い物を減らすために お茶碗やめてみました

ただごはんを盛り付けるだけという単機能の器、それがお茶碗です（もともとはお茶を飲むための器らしいのですが）。

「お茶碗のひとつでも洗い物を減らしたい！」

我が家は5人家族のため、食事のお皿の数は大変多いです。ごはんを盛る、それだけのためにお茶碗はすでに5つ必要。食後は5つも洗わないといけない。

そしてこう思ったのです。

「お茶碗は、使わなくてもいいのではないか」

こう言うと日本の文化、伝統うんぬん……そういった話になりそうですが、でも、文化の伝承も大切だけど、それは自分に余裕があってこそなのではないかとも思うのです。

この本で繰り返し言っておりますが、実体を伴わない思い込み、「こうしないといけない」に縛られてしんどくなっているのであれば、それを手放す勇気が必要なのでは？

「ごはんはお茶碗に盛らないといけない」

これは思い込みではないかと僕は思ったのです。料理を作るだけで、今は精一杯。それ以上のことをやるとキャパオーバー。そういうＳＯＳな事態なのですから、それ以外の教育、マナー、文化を教えるのは、後回しでよい状況なのだと思うことにしたのです。

そうしてある日、お茶碗をやめてみました。お茶碗をやめて、ごはんもおかずと一緒の取り皿に盛ることに。すると少し気持ちが楽になりました。洗い物の数が減りました。我が家ではお茶碗がないだけでマイナス5個の洗い物です。これは大きい。

盛り付けも楽になりました。端からごはん、サラダ、おかずなど全てワンプレートで盛れる。高さを出したりすると、ちょっとおしゃれなカフェみたいな気分も出る。

3食は無理だとしてもその日のメニューによって、ワンプレートに。そうしたら食器の洗い物は家族人数分のワンプレート皿と、スープ皿や飲み物のコップ、カトラリーのみ。

僕が訪れた東南アジアの国々では、ごはんもおかずもひと皿にのせて食べることが多かった。味が混ざっても、汁けが多くても気にしない。ときにはスープをかけて食べることも。でもそれが意外においしかったりするんですよね。ちなみに僕がおすすめするのは、盛りやすさの点で丸皿よりは、オーバルのプレートです（P175参照）。

とにかく、食事のマナーや文化は二の次にしてお茶碗ひとつでも洗い物を減らしたい。そんな気持ちになるときもあるんです。

27

子どもが嫌いな野菜を食べさせる必要があるのか？

「子どもが嫌いな野菜を食べてくれるレシピを教えてほしい」

「どうすればピーマンを食べてくれるようになりますか？」

講演会やイベントでよく出てくる質問です。

子どもの食の嗜好は永遠の謎。同じ悩みを持っている方も多いのではないでしょうか？　子どもはなぜ野菜嫌いが多いのでしょう？

その答えは「味覚の機能」にあり。僕が以前あるテレビ番組に出演したときに学んだのは、味覚の最大の機能は、カラダに有害な成分＝過度に酸っぱいもの（腐ったもの）や、苦いもの（毒物的なもの）をカラダに入れないための、命を守るための最終防御壁であるということ。

抵抗力がない子どもの方が、大人より味覚が鋭敏で、機能も発達しているそう。そのため、特に子どもは、酸っぱいものや苦いものは口に入れても吐き出す習性があるという。つまり酸っぱい果物や、苦みの強いピーマンを食べてくれないのは当たり前なのです。それは自分のカラダを守るための防御本能であり、ある種の生理現象といえるからです。

子どもが突然「トイレに行きたい～」と言い出すのと同じことなのかもしれません。そんな時は「我慢しなさい」なんて言いませんよね。ですから、子どもの野菜嫌いは味覚が発達している証拠、そう考えると嫌いな野菜を無理に食べさせる必要はないのだと気持ちが楽になったのです。もちろん、野菜嫌いを克服できるに越したことはないですが、食べないことを深刻に考えすぎることもない。無理やり食べさせ、我慢して食べたとしても、逆効果。次からはかたくなに食べなくなり、より野菜嫌いが進行してしまう可能性もあります。

そう、ママが無理にがんばる問題ではないのです。

僕の知り合いにこんな方がいました。

子どものころはグリーンピースが大の苦手。見るだけでも気持ちが悪くなるくらい大嫌いだったようです。給食にグリーンピースごはんが出ようものなら、もう地獄そのもの。口の中にすべての粒を集めて息を止めてお茶で流し込んだり、口の中に残しておいて休み時間にティッシュの中に吐き出したりと、あの手この手でなんとかやり過ごしていたそう。

給食生活が終わると大概の嫌いな野菜は避けて通れますので、グリーンピース嫌いを克服することなく過ごしていたそうですが、仕事先のお宅でごはんをごちそうになったときのこと。避け続けていたグリーンピースごはんと対面してしまったのです。嫌な記憶がよみがえりましたが、手料理をごちそうになっている上、「旬なのでおいしいわよ」と勧められては、やはり食べないわけにはいきません。お茶を片手に持ちつつ勇気をもって食べてみると、ホクッとした食感にほんのりとした甘み、そして力強い豆の風味を感じたという。

そう、まずいどころか感激するほどおいしかったのです。あまりのおいしさにその日以来グリーンピースが大好きになり、春になったら必ずグリーンピースを買うようになったそうです。

子どものころ大嫌いだったグリーンピースは、缶詰や冷凍のものだったのかもしれませんし、出合い方が悪くて嫌いになってしまったのかもしれません。このグリーンピース嫌いの方がもし子どものころにフレッシュなグリーンピースに出合っていたら、好きな野菜のひとつになっていたかもしれません。

ただし、この話を書いたのは、ママが子どものために、旬の野菜を食べさせてほしいとか野菜とよい出合い方をさせてほしいとかを言いたいわけではありません。この方がフレッシュなグリーンピースのおいしさに感動できたのは、子どものころに大嫌いだった記憶があったからこそ。「大嫌い」が「おいしい」に変わった瞬間は、今でも忘れられない感動的な経験だったそうです。そんな気持ちはなかなか味わえないですよね。

子どもの頃の嫌い、苦手という気持ちは、いずれどうなるのかは誰にも予測できません。もちろん最後まで嫌いなまま終わることもありますが、子どもの味覚は気分によってずいぶん変わりますし、成長に合わせて刻一刻と変化していきます。そこにママがあまり思い悩んだり、一喜一憂したりする必要はなく、楽観的に見守ってあげてほしいと思っています。

28

でもやっぱり野菜は必要だし……というみなさんへ①

嫌いな野菜を無理に食べさせる必要はないと言いましたが、だからといって全ての野菜を食べなくていいわけではありませんよね。野菜は子どもの成長に不可欠ですし、特に旬の野菜はみずみずしく栄養たっぷりなので、僕は積極的に食卓に並べてほしいと思っています。しかし、嫌いではないけれど子どもがあまり食べないので、どうしても登場回数が減りがち。

大人であれば頭で考えて、たとえ野菜が嫌いでも自分でコントロールしてバランスよく食べることができるかもしれません。しかし、食べざかりの子どもたちは自分自身の栄養バランスのことなんて全く考えないでしょうから、好きなもの、特に炭水化物や肉料理に偏りがちではないでしょうか。

その結果、好きなものでおなか一杯になってしまい、野菜を食べられなくなってしまう。野菜を最後まで残して、ママに怒られて無理やり食べる……ということもよくあるケースかと思います。

また、手間暇かけて作ったからといって、必ずしも食べてくれるわけでもありません。味の良し悪し、作る人の料理の技量はあまり関係なく、子どもには通用しないのです。僕自身、淡い期待を抱いては日々痛い目にあっています。

一方、家では野菜を食べてもらおうと手を替え品を替えがんばっているのに、学校や保育園、幼稚園ではぺろりと完食していますよ、なんて言われることはないでしょうか？

先生から残さず食べなさいと言われているので、一生懸命食べている子もいると思いますが、なによりも、周りのお友達と一緒に楽しく食べているという「雰囲気」のおかげが大きいのだと思っています。逆に言うと、環境や雰囲気ひとつで子どもは野菜も食べてくれるようになる、ということです。

要は気分なんです。

では子どもが野菜を食べてくれる方法、実践できそうなものをそのメリットとデメリットとともにいくつか考えてみたいと思います。

❶料理に混ぜ込む

これは真っ先に思いつく手法ですよね。野菜を細かく刻んだり、ペースト状にしたりしてハンバーグやチャーハン、スープなどに混ぜ込んでしまう方法です。子どもが好きなメニューにうまく忍ばせれば、思惑どおりにモリモリ食べてくれます。知らぬが仏作戦。これは「野菜を食べさせること」が目的なら、一番手っ取り早い方法かも。うまくいけば子どもは嫌いな野菜も知らずに「おいしい」と食べてくれるかもしれません。

でもこの手法、実は作るのがすごく面倒です。細かく刻んだり混ぜ込んだりするなんて、手間がかかるに決まっています。ただでさえごはん作りが大変なのに、しなければいけない作業が増えて、料理がよりおっくうになってしまう。こうなるとまた別のストレスが……。

❷最初に取り分けておく

1人分を最初から取り分けておいて完食してもらう方法です。給食と同じ個別盛りですね。視覚的に自分の責任の範囲がわかるのと、残すと怒られることもあるので子どももがんばって食べます。そのうちにそれが習慣となり、子ども自身が残すことに抵抗を感じて、結果的に完食してくれるようになるかもしれない。

もちろん我が家でも、こうやって食べてもらうこともよくあります。でもある日、最後に野菜を口いっぱいに無理やり詰め込んでもごもごしている姿を見たときに、なんだか罰ゲームのようで、少し悲しく感じてしまいました。これでは食事が嫌な思い出になってしまうかもしれません。

ですからこの方法を実行するときに工夫してほしいのは、まずは子どもが一口で食べきれる量だけを盛るようにすること。食べる量のハードルを下げることによって、子どもはちょっと食べてみようかなという気持ちを持ちやすくなり、野菜を食べられたという自信にもつながります。そしてもっと食べられるならおかわりをしていくとよいでしょう。

❸プレゼンする

その日食卓に上がっている野菜の話をして興味を持ってもらう方法です。産地や栄養のことでもよいですし、ただ見た目のことなどでもよいと思います。野菜が残っていたら調理する前の状態を見せてあげるのもおすすめです。

「にんじんはこんなに甘いよ」、とか「れんこんはしゃきしゃきしている食感が楽しいんだよ」とか、味や食感など、野菜のおいしさを具体的に伝えるのもよいですね。

目標は「野菜を食べてもらうこと」ではなく「野菜に注目してもらうこと」を目指しましょう。たとえまったく口をつけてくれなかったとしてもOKです。

「これなに〜?」
「変な形だね〜」
「きれいな色だね〜」

「苦いよ〜！」

「いいにおいがする！」

こうやって子どもに「少しでも野菜に興味を持ってもらうこと」の積み重ねが大切だと思っています。その日の会話のネタにもなり、コミュニケーションにもつながりますね。

ちなみにこのプレゼン、できれば、料理をしない方（パパが多いかな？）にやっていただきたいなと思っています。得意先やクライアントよりも、子どもに対する野菜プレゼンの方が、かなり高い能力を要求されます。これが成功するとご自身のスキルアップにも繋がるというプラスの副産物もございます。

29

でもやっぱり野菜は必要だし……というみなさんへ②

そんなわけで、余裕のある時は、ぜひ①で挙げた方法を実践してみてほしいと思いますが、実際のところ気まぐれな子どもたちなので、これだと言い切れる解決法はないのだと思います。もっとも重視すべきことは「子どもの気分」だと思っています。子どもの食べる食べないは、雰囲気や環境にとても影響されます。事実、遠足のお弁当に入れた野菜は、たいていのものは食べてくれたりしませんか？　遠足という楽しい雰囲気がそうさせてくれるのです。試しに晩ごはんのおかずをお弁当箱に詰めて、家の中に敷物を敷いて遠足気分で食べると、子どもはきっと喜んで食べてくれるでしょう。

ですから、まずは食卓の雰囲気作りを大切にしていただきたいのです。子どもが楽しく食べられる、笑顔で食べられることが一番。

そのためにはまずママが「楽しい！」「おいしい！」と感じてほしいと思います。子どもはママのことをよく見ていますから、ママの気持ちをそのまま感じ取ります。ママが楽しいと、必ず一緒に「楽しい！」と感じてくれるはず。それが「おいしい！」につながるのだと思います。しかし日本のママは一人で何役もこなさないといけない。あれもやってこれもやって雰囲気作りもママがやるなんて負担が大きすぎますよね。

海外の食卓でよく目にしたのが、パパがこれをスマートにやってくれる姿です。

「ママの料理は今日も最高だね！　みんなどう思う？　この野菜なんてママが作ったらこんなにおいしいよ！」

とポジティブで楽しい雰囲気作りを積極的に行ってくれるのです。それがむしろ当たり前。これは料理を作る側からすると、本当に助かる！

ですから食卓の楽しい雰囲気作りをぜひ自ら演出してください。黙ってもぐもぐごはんを食べる→ごちそうさま→あとはすぐソファーで携帯電話をいじる。これは、やめてほしいと思います。

パパ（ママ）の言動ひとつで、作ったママ（パパ）の努力も報われ、子どもたちもモリモリ！　おいしい！　楽しい！　食卓が出来上がるのです。それは料理がおいしい、おいしくない、の問題ではなく、いかに楽しい雰囲気を食卓にもたらせるか。それが長期的に見て、実は一番子どもと野菜が楽しくつき合える方法なのだと考えています。

30

恐怖！　子どもに「いっしょにおりょうりしたい〜！」と言われたら……名シェフを育てる方法

子どもに「いっしょにおりょうりしたい！」「おてつだいしたい！」と言われて困ることはありませんか？　小学生くらいになると、即戦力になるので大変助かるのですが、子どもが小さいうちは、助かるどころか逆に作業が増えて手間がかかってしまうことに。子どものやる気に応えてあげたいと思う反面、余裕がないとなかなかそうもいきません。

❶僕「今日はごめんね。時間がないから今度のお休みの日に一緒に作ろうね」↓その日は回避。

❷次のお休みの日。
子ども「おりょうりは？」→約束を交わした時の子どもの記憶力抜群。

僕「え？　アンパンマンかドラえもんでも見る？　それかＹｏｕＴｕｂｅ？」→秘技その場しのぎ動画でなんとか回避。

❸翌日。
子ども「おりょうりしたい！」→約束を履行するまでは決して諦めない取り立ての鬼と化す。

僕「え……」。→❶に戻る→子ども激怒→❷へ→子どもは拒絶→そして台所の中心で泣き叫ぶ→もう手が付けられない。


このような家庭での経験と、全国の保育園、幼稚園、小学校で料理教室をした経験から、「子どもと一緒に料理を作るときのポイント」～おうち編～を解説したいと思います。

ポイント❶ 一料理一工程のお手伝いに限定する

園や学校では、先生もいらっしゃるし、子どもたちも「学びの姿勢」の心構えがハナからできています。なので比較的順調に進行できるのですが、家庭ではそううまくはいかない。子どもとマンツーマンどころか、親1対子ども2、親1対子ども3の状況の方もいらっしゃるかと。

まず大前提として、最初から最後まで、料理を完成させようと思わないでください。子どもの集中力の持続時間はせいぜい5分。持って10分です。

しかもこっちの言うことは全然聞かないわ、散らかすわ、洗いものは増えるわで思い通りに進まない、ただただ時間と労力だけが無駄に消費されていく気分になる。そうするとついイライラして怒ってしまう。

そして最後は険悪になり、

「もう二度と料理なんかしたくない！」

と子どもが意欲や興味を失ってしまうことになります。それだけは避けたい。そのために、短時間で確実にこなせる&スキルアップにつながる方法として、「一料理一工程」がいいのです。

例えば肉じゃがを作るとします。その際、全ての工程を子どもと共にやるのではなく、

「今日のあなたのミッションは、にんじんを切ること！」

など、お子さんが安全に取り組めそうな作業を一工程だけ任せるのです。指令とともに、ゲーム的なノリもお忘れなく。楽しみの要素が入ると好奇心が刺激され、子どもの集中力が研ぎ澄まされます。

ポイント❷　終わりをあらかじめ伝える

料理を一緒に作る、となると子どもは最初から最後までできると思い込むもの。それではさすがに時間が何倍もかかってしまいますよね。でもその途中で作業を止めさせて「じゃ、あとはママ（パパ）がやるからね」、だけはやめてください。子どもの「約

束が違うやないか砲！」が炸裂します。

まずお手本を見せたら、

「ママと同じようににんじんを切ってみよう！　そうすればあなたの今日のミッションは終了！」

と、事前に作業内容と終わりを伝える。

僕の経験上、にんじんを切り終えた子どもは驚くくらい素直に気持ちを切り替えてくれます。なぜなら、ミッションをクリアした満足感と達成感を同時に味わうことができるから。ダラダラ長い時間やるよりも、集中力が保てるので、確実に技術も習得してくれます。さらに、その後も重要なポイントが。

ポイント❸「ありがとう、助かったよ！」

料理教室の風景を見てみると、「上手だね！　さすがだね！」とほめる親御さんが多いですが、ぜひ、やっていただきたい声かけが、

「ありがとう、ママ（パパ）本当に助かったよ」

「おかげですごくラクになったよ」

と感謝の気持ちを伝えることです。

大好きなママ（パパ）の役に立てたという喜びは、さらなる満足感、達成感を生み出すことになり、それが大きな自信を持つことにつながります。

その成功体験こそが、もっと何かに挑戦してみたい、というチャレンジ精神を生み、子どもの真の成長につながるのです。これは実際、料理教室を通して子どもたちから学びました。

そして最後にもうひとつ。余裕があるときは……。

ポイント❹　次回の任務につなげる

「今日、あなたはミッションを完璧に遂行してくれました。次は、じゃがいもに挑戦しよう！」と。次回の目標を定めます。

次は玉ねぎ、次は鶏肉。次はいよいよ炒める。煮る。調味する。一料理一工程を確実にモノにしていけば、あっという間に1人前、肉じゃがを1人で作れるようになります。

親子で料理をするときに一番忘れてはいけないのは、一工程ずつを着実にクリアしながら「楽しい成功体験」として終えることです。

これも料理教室で学んだのですが、子どもは命令されたり、怒られたりというストレスがかかる状況では、何度繰り返しても覚えてくれません。しかし、心から楽しめる環境ならば何でもスポンジのように吸収し、すぐに習得して自分のものにしてくれます。そうして、いつの間にか子どもがごはん作りの頼れる存在になってくれることでしょう。

31

コンビニのみかんゼリーに勝てない料理のプロたちの悲哀

まだ次女が生まれる前、長男と長女が保育園に通っていたころのこと。料理業界の友だち家族と、近くの公園で持ち寄りお花見会をしたことがありました。

日々のごはん作りに熱意を持って暮らしていた当時の僕。子どもたちもたくさん集まるということで、みんなに大好評のキンパや唐揚げなど、ここぞとばかりに腕によりをかけてたくさんの料理を作って持って行きました。

集まったメンバーも、彩りのきれいなおしゃれなサラダ、手の込んだおつまみの盛り合わせ。本場スペインのトルティージャをその場で調理してくれたり、見た目もかわいい特注サンドイッチを持ってきてくれたりと、さすが料理のプロたちだけあって、本格的でいて、子どもたちの楽しめる工夫が盛りだくさん！

さっそくお花見&お楽しみのごはんタイムが始まりました。

しかし……肝心の子どもたちは遊びに夢中。ほとんど料理に興味を示さず（子どもごはん会あるあるですが）、遠くで遊んでいたかと思うとダーっと走り寄ってきて、お茶を飲み、唐揚げをひと口食べて、まだダーっと走り去っていく、の繰り返し。

そんな中、カメラマンの友人が、

「みんな喜ぶと思って。ちょっと数が足りないんだけど」

とカバンから取り出したのが「コンビニのみかんゼリー」（あえてメーカー名を秘す）。近くのコンビニでわざわざ購入してきてくれたという。

豪華な手料理の中に突如として現れたコンビニのゼリー……。

しかし、そのみかんゼリーが子どもたちの視界に入ったとたん、なんとも壮絶な奪い合いが始まったのでした。

腕によりをかけて子どものために作った渾身の持ち寄りごはんではなく、コンビニのみかんゼリーにすべてを持っていかれた……。そのつらい事実を認めたくはない。

しかし、認めるしかない。

ビールや酒をあおりながら、

「子どもって宇宙だよね……」。

と訳のわからん結論で自分を慰めるしかない僕なのでした。

32 お惣菜コロッケと手作りラーメン

僕が子どものころの思い出です。

ある土曜日。その日は母がとても忙しい日でした。にもかかわらず、いつものように自家製ナムルとキムチのセット、プルコギや豆もやしのスープなどにぎやかなお昼ごはんを作ってくれました。母はどんなに忙しいときでも欠かさず数種類のおかずを用意してくれました。

そんな盛りだくさんの食卓に、たまたまご近所さんにいただいたお肉屋さんの牛コロッケがありました。安くておいしいと近所で評判のコロッケという。でも牛コロッケというのは名ばかりで具はほとんどじゃがいも。

試しにソースをたっぷりかけて食べてみると、

「なに⁉　う、うまいやないか！」

あまりにおいしくて母の料理そっちのけ。兄弟で取り合いになりました。

その日以来、土曜日のお昼は母の手作りのおかず盛りだくさんの食卓、ではなくて、お肉屋さんの牛コロッケをリクエストするようになりました。そしてこれが毎週楽しみで楽しみで。

母よ、す、すまない……。

(みかんゼリーの件を経て、そんなことを思い出しました)


そして、時は流れて、令和のある日の食卓。子どもたちが夕方、テレビのラーメン特集を観ていて、

「ラーメン食べたい！」

リクエストに応えるため、スーパーで生麺だけ買ってきて、他はうちにある有り合わせの材料で手作りラーメンを作りました。これが大好評！

「パパのラーメンおいしい！」

それならば、と、料理研究家魂に火がついた僕。鶏で出汁をとって、チャーシューも作り、本格的に自家製ラーメンを作りました。これがさらに大好評。

「やっぱりパパのラーメンすごくおいしい!」

我が家は手作りラーメンブームとなりました。


しばらくたったある日のこと。

子どもたちが再び夕方に「パパのラーメン食べたい!」と大合唱。その日、時間に余裕がなかった僕は、少し後ろめたい気持ちを持ちながら、液体スープ付きの市販の生ラーメンをスーパーで購入し、ちゃっちゃっと作って、簡単に済ませてみました。

舌の肥えた我が子どもたちには、市販のラーメンはどうだろうな?

「いつものパパのラーメンがいい!」

って言うに違いない。うふふ。

そうタカをくっていた僕に、

「パパ！　今までのラーメンで一番おいしい！　誕生日にもこのラーメンを作って！」

と子どもたちが異口同音に叫ぶではないか。

「お、おぅ……」

と、力なくこたえるパパなのでした。

33

今晩、「ナムる？」

副菜の勇者ナムル

副菜作りで頭を悩ませている方が非常に多いと聞きます。唐揚げ！　とか肉じゃが！　などメイン料理はなんとなく思い浮かぶけれど、副菜が思いつかない。そう、献立作りという戦場では、付け合わせの副菜が重要な伏兵になるのです。

すでに書いた通り、うちの子どもたちもあまり積極的には野菜料理を食べてくれません。しかし、そんな子どもたちがまるで魔法にでもかかったかのようにモリモリ食べてくれる、副菜の救世主があるのです。

それは「ナムル」です。

ナムルは、みなさんにもおなじみの韓国料理ですね。野菜の数だけナムルの種類があるといわれるほどバリエーションは豊富。我が家では副菜＝ナムル。毎日野菜のナムルが食卓に上がりますし、子供たちはどれもモリモリ食べてくれます。

焼肉屋さんや韓国料理屋さんで食べるナムルは、しっかり味付けしてありますが、本来はそうではありません。野菜の味を生かしたとってもシンプルな味付けなのです。だから作り方はいたって簡単。ちょっとした調理の法則を覚えておくと、思い立った時に冷蔵庫にある素材でいつでもだれでも作れるんです。旬の野菜を使えば、ほんの少しの調味料でも驚くほどおいしく仕上がるので献立作りに役立ててみてくださいね。

「すぐにできるナムル作りの3つの法則」

⇐

❶使う素材は野菜1種類だけ！

数種類の野菜を混ぜ合わせて作るナムルもありますが、基本的には1種類の野菜で作る方が美味しく手間なく簡単。難しいコツも必要ありません。

❷調味料はごま油、酢、しょうゆ、ごま、塩だけ！

使用する調味料は5つだけでOK。ごま油は油としてではなく味付けの調味料と考えてください。大人は好みで、生姜や唐辛子などを仕上げにプラスしても。

❸調理法は「生」「ゆでる」「炒める」「焼く」＋「和える」だけ！

手軽にできるナムルには「生ナムル」「ゆでナムル」「炒めナムル」「焼きナムル」の4種類があります。「生」「ゆでる」「炒める」「焼く」などの調理をしたあと、❷の調味料で「和える」だけで完成です。それぞれの野菜に合った調理法はだいたい決まっていますので、よく買う野菜に合った調理法を頭に入れておくとよいですね。

●ゆでナムル
◎作るのに向いている野菜→ブロッコリー、青菜、もやし、アスパラガス、キャベツ、スナップエンドウなど
少量の塩を加えたお湯で食感が残る程度にゆでて和えます。調味料と和えると水っぽくなってしまうので、事前に水気をしっかりきることがポイントです。

●生ナムル
◎作るのに向いている野菜→トマト、きゅうり、アボカド、セロリなど
生で食べられる野菜ならなんでもOK。サラダ感覚のナムルです。食べやすい大きさに切って調味料と和えるだけ。ゆでナムル同様、和える前に水気を拭きとるとよりおいしくなります。

●炒めナムル
◎作るのに向いている野菜→にんじん、しいたけ、れんこん、かぼちゃなど

根菜やきのこ類などは炒めて甘みを出します。細切りや薄切りにして、ごま油でよく炒めて、野菜の持つ地味深い甘みが出てきたら調味料を絡めます。にんじんやかぼちゃなど色がきれいな野菜は塩、れんこん、きのこ類などの茶色っぽい野菜はしょうゆで味付けするのがおすすめ。

●焼きナムル
◎作るのに向いている野菜→なす、ピーマン、パプリカなど
炒めてもよい野菜ですが、焼く方がおすすめの野菜です。あまりさわらず、じっくり焼くのがコツ。食べやすく切った野菜を、ごま油をひいたフライパンでこんがりと焼き色がつくまで焼いてから、調味料を絡めます。（グリルで焼いてもＯＫ。）

❹味付けの決まりは、なし！
最後は味付けです。実はナムルは調味料の分量に決まりはありません。野菜の量や種類によって、自分で食べながら味付けするのがコツです。色のきれいな野菜は塩味、

色の濃い野菜はしょうゆ味にすると野菜の色が生かせます。さっぱりと食べたいなというときは酢を混ぜてみるのもよいですね。仕上げに、いりごまを指ですりつぶしながら混ぜると、香りがよくなりますよ。

学校給食の人気ナンバーワンメニューが「ピビンパ」だと給食の調理師さんから伺ったこともあります。ピビンパのご飯の上には彩り豊かなナムルがたっぷりのっていますよね。子どもがナムル好き、ということは給食教育現場でも立証されている！

そんなわけで、今晩から「ナムる？」を合言葉に。野菜をたくさん食べられる副菜をみんなで楽しんでください。

※「ナムる？」のレシピはＰ１７６へ。

34
味付けは「セルフサービス」

「少々ってどれくらいですか？」

料理教室中によく聞かれる質問のひとつです。

確かにレシピを見たとき、使う調味料の分量が「少々」や「適量」など、あいまいだと不安になりますよね。料理に慣れていないとか、初めて作る料理であればなおさらだと思います。

レシピ本の調味料の分量は、しょうゆ大さじ○○、砂糖小さじ○○、みりん大さじ○○など、きっちりと数値化されているものがほとんどです。だれが作っても同じ味に再現できるようにという、レシピ本を作る側の思いが込められているからです。

一方、料理を作る側もレシピを見ると味付けに迷う必要がなく、必ずおいしくできるという安心感があります。そんなとき、少々、や適量、という表現が出てきたら、少し不安になってしまう気持ちはよく分かります。

だれかに料理を食べてもらうときは、おいしくできているかな……、味が薄くないかな……、好きな味かな……と評価が気になる。だから迷ってしまうんです。

みなさんはいかがでしょうか。

「きちんと味付けしないと」、「おいしく作らないと」、「家族が喜ぶ味にしないと」など、毎日毎日小さなプレッシャーを感じているのではないでしょうか。家族だからこそ、好みの味を知っているからこそ、自分が、おいしく味付けしなければいけないという「責任」を感じてしまうのだと思います。

冒頭の質問をしてきた方も、そういう思いだったのかもしれません。

そんな方に僕がおすすめしたいのが
「味付けはセルフサービス」。

料理の味付けは必要最低限にしておき、あとは食べる人に食卓で自由自在に味をアレンジしてもらう方法です。食べてみて、もう少し塩分が欲しければ塩やしょうゆを足す、さっぱり味がよかったら酢をかける、辛みが欲しかったら七味をふるなど、自分好みに味付けしてもらうということです。

例えば鶏の塩焼き。それをテーブルに並べたら、食卓にしょうゆ、ソース、ケチャップ、ごま、海苔、粉チーズなど常備している調味料を並べます。大人にはスパイスやラー油、七味唐辛子、ゆずこしょうなども。ほかにキムチや明太子などでもよいですね。

あとはもう食べる人にまかせるだけ。とっても楽ちんです。

こうすることで、作る側は「おいしく」作らなければという責任から解放されて、少し肩の力を抜いて料理ができるのではないでしょうか。おのずと調理法もシンプルになるので、作る手間もかからないのです。

家はレストランではありません。ひと口目が最高の味である必要はまったくありません。

そもそも味の好みは人それぞれ、千差万別です。

ある人にとっては味が薄いと感じても、別の人にとってはちょうどよい塩加減ということもよくあります。味覚が家族全員同じということはまずない。だからこそ味付けは難しいのです。実際僕もレシピを考案するときに一番悩むのは、調味料の分量です。

アジアの屋台では塩や砂糖、唐辛子などが卓上に置いてあり、食べる人が自分で好みの味に調整している姿を目にしたことがある方もいらっしゃると思います。それと同じスタイルですね。僕、あれ大好き！

日本では出された料理に塩やしょうゆをかけるなんて、作ってくれた人に失礼だという考え方もありますよね。わかります。ちゃんと味付けして完成された料理にマヨネーズをかけられようものなら、苦労がすべて無駄になったような気持ちになって悲しくなってしまいますよね。でも味つけをセルフサービスにすることにより、

「どうぞ、どうぞ。お好きなように！」

とおおらかな気持ちを持つことができるはずです。

食べる側は心おきなく自分の好きな味にできる、作る側は味付けの責任から解放され、手間も省ける、まさに一石二鳥な方法だと思います。

※「鶏の塩焼き」のレシピはP１７３。

35

ゆでた青菜の威力

食卓という戦場のナイスな伏兵、ナムルの次に我が家で好評な野菜料理とは、これが意外や意外！　ゆで野菜なのです。ただゆでただけの野菜。

これが料理といえるのか！　いやいや、れっきとした野菜料理の一品でございます。

家族に大人気のハンバーグやステーキ。子どもはおいしかった〜と完食してくれますね。でもよく見てみると色どりのために添えられたレタスやトマト、またはミニサラダが残されている……怒られてドレッシングをかけてやっと食べてくれる。そんな経験はないでしょうか。

野菜を食べない子どもたちにとって、生野菜＝サラダ。そもそもサラダというワードは大嫌い。シャキッとした食感や野菜独特の青臭い香り。かさも多いし、やはり食べづらいですよね。柔らかなハンバーグを食べたあとは、「サラダを食べるぞ！」という生野菜モードにはなりづらいことも要因かと。

そこで僕がおすすめするのがゆで野菜。特に小松菜やほうれん草、チンゲンサイなどのくせのない青菜をおすすめします。あとはニラとか最近人気の豆苗などもいけます。ゆでただけの野菜を、どーんと盛っておきます。

ただでさえ野菜を食べてくれないのに、味がないと子どもたちは残してしまうのではと思われるかもしれません。

実はゆで野菜は、変幻自在の料理なのです。味付けしていないゆで野菜はどんなお料理にもすっとなじみます。食感や味の邪魔もしません。

生野菜のようにサラダドレッシングをかけたり、しょうゆやマヨネーズをかけたりするのはもちろん、味噌汁やスープの具に足したり、煮物に混ぜたりもできます。他にはハンバーグのソースにつけたり、煮魚の汁に絡めたり。ごはんに混ぜて食べるケースも。

子どもが自分で創意工夫して食べる姿は微笑ましくも、頼もしくもあります。

そして、大人はおいしい食べ方の提案をしてあげていただきたいのです。こう食べるともっとおいしいよ！　とか、おむすびにして青菜で巻いちゃう！　とか。パパやママの真似をして、ちょっとやってみようかなという気持ちになってくれるかも。

そしてこのゆで野菜は子どもだけではなく大人にもぜひ取り入れてほしい一品です。

メインの料理は、味が濃い目になりがち。そこに味付けしていないゆで野菜があると、ちょうど味が中和されて、塩分の取りすぎの予防にもなります。しっかり味のメインを食べた後に、ゆで野菜を食べてみてください。とてもすっきりするはずです。体も温めてくれますし消化にもとても良いので、まさにいいことずくめ。市販のお惣菜やインスタント、冷凍食品が続いたときにも効力を発揮します。温めた冷凍食品にゆで野菜を加えるのもあり。

ただ野菜をゆでる。それだけでもう立派な手料理です。

36

Brown《ブラウン》 is《イズ》 beautiful《ビューティフル》!

唐揚げ、照り焼きチキン、ハンバーグ、豚の角煮、さばの味噌煮、カレイの煮つけなどなど。日本の家庭料理で人気の王道おかずの多くは、しょうゆや味噌で色づいた茶色一色。

僕が思うに、メインのおかずは茶色ければ茶色いほど美しく、茶色ければ茶色いほど食欲をそそるのです。数種類の野菜も使った彩りのよい見栄えのする料理より、「茶色は茶色だけの世界！　お肉はお肉だけの世界！　魚は魚だけの世界！」

そんな潔い、ごはんがすすむおかずが一番だと思っています。

味の面はもちろんですが、肉だけ、魚だけの料理にすることで、下ごしらえが楽に、調理工程もシンプルに、家族もモリモリ食べるという、いいことばかり。

ですから、豚肉だけのしょうゆ炒めとか、鶏肉だけのしょうゆ煮とか、切り身魚だけの味噌焼きとか、そういったシンプルだけど茶色い料理は、実はもっとも理にかなった料理なのです。

反対に「野菜を食べさせなければ」「彩りがさみしいから」と思うあまり、野菜をプラスすればするほど、その分手間がかかるようになり、調理スキルも必要、子どもの箸が進まなくなることにもなりかねません。

ですから、野菜を無理にメインのおかずの中に共存させる必要はありません。野菜もそんなイヤイヤな（?）扱われ方だとかわいそうだし。

「野菜は野菜だけの世界！」があるんです。そう考えたら料理することが少し気楽になりませんか?

ちなみに「野菜は野菜だけの世界！」の料理が知りたい時は「ナムる?」（P176）を参考にしていただければと思います。

「いつも茶色いおかずしか作れなくて」なんて思う必要は全くありません。

Brown is beautiful!

今日からお皿やテーブルの上をテリテリに美しく輝く、茶色い世界に染めてやりましょう！

37 チキンは裏切らない

僕はスーパーで、「今日の晩ごはんどうしよう？」と悩んだら、まずは鶏肉を買います。もも肉、ムネ肉、手羽元、手羽先、手羽中、手羽中半割り、ササミ。うちの近くのスーパーでは、セセリも販売されていて、僕も家族も大好き！　レバー、ハツ、砂肝もうまい。なんなら一羽丸のままを買うこともあります。

特売率が高くボリュームもあり、食べ応えがある。クセもない。値段に関係なく味が安定している。

鶏は子どもも大好き。煮ても焼いても揚げても、ゆでても、蒸してもおいしい。技術がなくてもおいしく料理できる。豚肉や牛肉をおいしく料理するには鶏肉よりも少しコツがいるのです。

我が家でよく作るのは、手羽先やもも肉をゆでて作るチキンスープ。冷蔵庫の残り野菜や卵、春雨を入れることが多いです。ゆでた鶏は、ゆで鶏として、切ってそのまま食べてもいい。しょうゆにちょいとつけていただいたり、大人はサムジャン（韓国の味噌ダレ）につけて葉っぱで巻いていただきます。

あとは塩でグリル焼き。「味付けはセルフサービス」でも書きましたが、これだけでもうまい！　直火焼きは最高です。

※「チキンスープ」レシピはＰ１８０。

38

食卓の思い出

我が子たち同様、僕も料理研究家の息子ということで、毎日豪華な料理ばかり食べていたと思われることも多いのですが、そもそも母が本格的に料理の仕事を始めたのは、僕が成人して以降。子ども時代は質素な韓国ごはんで育ちました。

なんせ我が家は4人きょうだい。食べ盛りの頃は、母は本当に大変だったと思います。しかも父は一族の長男だったので、親族やご近所さんはもちろん、父の仕事関係の方など来客も多く、晩ごはん時は、小さな我が家で家族＋家族以外の大勢の方と肩を寄せ合い、ワイワイと食べる毎日でした。

母はみんながおなか一杯になるように、いろいろな工夫をして手料理をたくさん作ってくれた記憶があります。

冷蔵庫には保存容器に入れて常備しているミッパンチャン（塩辛、ナムル、漬物など長期保存できるミニおかず）がぎっしり。それが毎日テーブルに所狭しと並びます。そのミッパンチャンに具だくさんのスープを合わせるのがお決まりのメニュー。さらに魚や肉料理、揚げ物や煮込み料理などのメインも加わります。おまけに子どもが喜ぶようにとハンバーグ、カレー、スパゲティーがある日も。

まさに韓国料理を中心としたワールドワイドハイスペック料理です（汗）！　しかも母は食材の買い出しから下準備、後片付けにいたるまで、その全てをひとりでこなしていました（僕たちもある程度お手伝いはしていましたが）。母は一時、別の仕事もしていましたし、地域の活動やＰＴＡなどなど多忙な日々を送る中、毎日こんなにたくさん手料理を作ってくれていたのです。今、僕は3人の子どもを育てているからこそ、それがどんなに大変かがわかる。今の僕には絶対考えられない……。本当に感謝しかありません。

その後母と同じ道を歩み、料理研究家となった僕ですが、インタビューや取材などで、こう聞かれることがよくあります。

「思い出の母の味はなんですか？」

おそらく、「手のこんだ豪華なお料理」や「旬の素材を生かした体に良い料理」を挙げることを期待（？）されている方もいると思うのですが、実は真っ先に頭の中に思い浮かぶのは、「10分でできる最高にうまいクイックチゲ」なのです。

中学校から帰宅して塾までほとんど時間がないとき、僕が

「おなかがすいた！」

と言うと、母は決まって有り合わせの材料でパパっとチゲを作ってくれました。キムチ、玉ねぎ、豚肉を炒めて、いりこと味噌で煮込んだシンプルなチゲ。豆腐やきのこ、ネギが入っている時もありました。

アツアツのチゲのスープをひとくち、ずず〜っとすすり、ホカホカのごはんをもぐもぐ。これが最高においしい！　こんなに短時間でなんでこんなにうまいチゲを作れるのか。我が母ながら天才だな、と思ったものでした。

そして忙しいにもかかわらず、絶対に子どもがおなかを空かせた状態にさせない。いつでもおなか一杯食べさせてくれる。自分が親になった今、そんな母に感謝の気持ちを持つと同時に母を誇りに思います。

もちろん自分の家庭を持って子どもたちに料理を作っていると、母がどれだけ手間暇かけて毎日の食事を作ってくれていたかを日々身をもって実感していますし、彩り豊かなお弁当や、丹精込めた自家製キムチなども心に残る思い出のお料理ではありますが。

それでも僕にとっては10分チゲが一番の料理なのです。豪華であるとか、いかに手間暇かけるかとかいうより、その時の状況や雰囲気、誰とどうやって食べるかがとても大事なんだな、とあらためて気づかされました。

みなさんにとって、子どもの頃の思い出に残っている最高の料理はなんですか？

※「クイックチゲ」レシピはＰ１８２。

第3章

考えたくない日の「手間」を排除する

料理が本当に楽になる実用レシピ

39

「包丁」と「まな板」を排除する

「料理するのがしんどい」と感じる日は、しんどいものを排除してみるのはいかがでしょう。たとえば、下ごしらえでどうしても使わなくてはいけないのが、包丁とまな板ですが、その両者を使わないだけでも気持ちがずい分楽になります。

キッチンバサミで切れるものや手でちぎれる野菜、切らなくてよい食材を、どんどん利用してみましょう。

キッチンバサミでチョキチョキ切れる素材

小松菜、豆苗、ニラ、水菜、春菊、青ねぎ、薄切り肉、油揚げ、ベーコンなど

そもそも切る必要のない素材

カットわかめ、カット野菜、カットされた刺身、唐揚げ用鶏もも肉、手羽先、手羽中、切り落とし肉、ひき肉、細切れ肉、むきえび、切り身魚、貝類、納豆、豆、缶詰、卵、プチトマト、もやし、シーフードミックス

ちぎるだけ素材

レタス、キャベツ、きのこ、しそ、パセリ、チーズ、豆腐、ウインナー、海苔など

【包丁とまな板を排除するレシピ】

鶏手羽としいたけのさっぱり煮

材料（2人分）

手羽中（半割り）…10本
しいたけ…１パック
万能ねぎ…適宜
A　しょうゆ…大さじ2
　砂糖、酒、酢
　　…各大さじ１

作り方

フライパンに手羽と手羽の高さの半分くらいの水、Aを入れて煮詰める。しいたけは石付きをキッチンバサミで切り、手でさき、仕上げに加えて煮詰める。キッチンバサミで小口切りにした万能ねぎをちらす。

ポイント

うま味たっぷりの手羽中は半割りを使うと調理時間が短くなり、味も出やすいですよ。きのこは手でさくと香りと味のなじみがよくなるので、ぜひ試して。まいたけやしめじに変えても。

【包丁とまな板を排除するレシピ】

ツナと小松菜の甘辛炒め

材料（1〜2人分）

ツナ缶(小・オイル漬け)
　…１缶
小松菜…２株
みりん、しょうゆ
　…各大さじ１

作り方

フライパンにツナをオイルごと入れ、蓋をしてこんがりと蒸し焼きにする。キッチンバサミで切った小松菜を加えてさっと炒め、みりん、しょうゆをジュワッと加えて全体を炒め合わせる。

ポイント

ツナ缶は常備しておくと、困ったときの救世主に。オイル漬けならその油を生かして炒めましょう。ふたをしてこんがり焼くことで、香ばしく風味がアップ。小松菜はニラや卵に変えてもOK。

40

副菜はレンジにお任せ

メイン料理を電子レンジで作るのはちょっとしたコツが必要ですが、副菜なら電子レンジが大活躍！　メイン料理をコンロで作っている間に、副菜が仕上がると、ぐっと段取りがよくなります。

素材をレンジに放り込んでしまえばほぼ、ほったらかし。キッチンも汚れにくく片付けも楽になります。ご家庭のレンジによっては加熱時間が変わってくるので様子をみながら調整してください。

※今回のレシピはすべて６００Ｗの電子レンジ使用。

【副菜はレンジにお任せレシピ】

ベーコンチーズかぼちゃサラダ

材料（2人分）

かぼちゃ…1/8個
ベーコン…２枚
クリームチーズ…40g
塩…少々

作り方

かぼちゃはワタと種を取ってラップで包みレンジで４分ほど加熱。切ったベーコンはキッチンペーパータオルに包み耐熱皿にのせてレンジで１分ほど加熱。あたたかいうちにすべてをざっくりと和える。

ポイント

かぼちゃは切らずに加熱し、ベーコンはキッチンバサミを使えば、包丁いらず。かぼちゃは栄養のある皮ごといただきます。ベーコンは加熱すると油がはねるので、キッチンペーパータオルで包みましょう。

【副菜はレンジにお任せレシピ】

レタスとハムのレンジ蒸し

材料（3〜4人分）

レタス…１玉
ハム…２〜３枚
オイスターソース、ごま油
　…各大さじ１

作り方

ちぎって洗ったレタスに、切ったハムをのせ、オイスターソース、ごま油をかけてラップをしてレンジで３〜４分ほど加熱する。混ぜていただく。

ポイント

レンジで加熱する間に味が全体によくなじみます。香りのよいごま油でしっとりとした仕上がりに。レタスは加熱すると甘みが増して柔らかくなり、たっぷり食べられますよ。

41

味つけを排除する

冷蔵庫の中にドレッシングや焼肉のタレなどは眠っていませんか？料理の一番のネックとなる味付けは市販のタレに任せてみましょう。サラダにはドレッシング、肉を焼くときは焼肉のタレなど、用途を限定せず柔軟に使ってみて。ほかにはキムチや明太子、漬物など、ごはんのお供的な素材も調味料のひとつと考えると、めんどうな味つけいらずで間違いなくおいしく仕上がりますよ。

【味付けを排除するレシピ】

焼肉のタレで焼き魚

材料（1人分）

鯵…１尾
好みの焼肉のタレ…適宜

作り方

鯵をグリルでこんがりと焼き、仕上げにタレをかけてさっと焼く。

ポイント

焼肉のタレは、肉だけではなく魚にもよく合うんです。ごはんが進む味になりますよ。魚は好みの切り身魚に変えても。もちろんフライパンで焼いてから仕上げにタレを絡めてもOKです。

【味付けを排除するレシピ】

キムチときゅうりで即席オイキムチ

材料（1〜2人分）

白菜キムチ…適宜
きゅうり…１本

作り方

食べやすく切ったきゅうりとキムチを和えてしばらく置く。

ポイント

白菜キムチは具にも調味料にもなる万能食材。そのまま調味料代わりに野菜や肉の味付けに。少し置いて酸味が増したら、炒めたり煮たりと加熱調理がおすすめです。

42

洗い物を排除する

後片付けを短時間で済ませるには、キッチンを汚さず料理することや、使う調理道具や食器の数を減らすことが大切。

キッチンの嫌な汚れのナンバー1、油汚れや油跳ねを予防するならフライパン蒸しがおすすめ。フライパンごと食卓に出せば、洗う食器の数も減りますよね。ほかにはホイル蒸しやホイル焼きなど、ホイルを使えばお皿が汚れにくく、洗い物が楽になりますよ。

【洗い物を排除するレシピ】

豚と野菜の蒸ししゃぶ

材料（2人分）

しゃぶしゃぶ用豚肉…200g
もやし…１袋
ニラ…½束
酒…大さじ３～４
市販のポン酢、ごま
　…各適宜

作り方

フライパンにもやし、豚肉を広げ入れ、キッチンバサミで切ったニラをのせる。酒を加えて蓋をし、４～５分ほど酒蒸しにする。
ポン酢、ごまをかけて混ぜていただく。

ポイント

材料を入れてふたをして蒸すだけなので、コンロが汚れません。切る必要のないしゃぶしゃぶ用豚肉やもやし、キッチンバサミで切れるニラを使えば包丁いらず！　お気に入りのフライパンでどうぞ。

【洗い物を排除するレシピ】

鮭の和風チーズホイル焼き

材料（1人分）

鮭の切り身… 1切れ
しめじ、小松菜…適宜
A | しょうゆ、みりん、酒…各大さじ½
ピザ用チーズ…適宜

作り方

具とAを2枚重ねたホイルに包んでグリルで5分ほど焼く。仕上げにチーズをのせてホイルを開いてこんがりと焼く。

ポイント

掃除が面倒なグリルもホイル焼きなら手間いらず。お魚もパサつかず、ふっくら柔らかく仕上がりますよ。ホイルが破れないように2枚重ねるのがポイントです。

【本文に登場する料理＆レシピ】

『味つけは「セルフサービス」』

グリルが片面焼きの場合はこんがり焼けたら裏返して。

鶏の塩焼き

»P139

材料（4人分）

鶏モモ肉… ２枚
塩…少々

作り方

鶏肉は塩を全体になじませる。ホイルを敷いたグリルにのせて、両面焼きで７～８分こんがり焼く（こげるようならホイルをかぶせる）。

おろしポン酢味

大根おろし＋市販のポン酢＋青じその細切り

さっぱり食べたいときにおすすめ。青じその代わりにみょうがやねぎの小口切りなどに変えても。梅干しをプラスしてもおいしい。

のりじょうゆ味

刻みのり＋しょうゆ

我が家の子どもたちが大好きな味。鶏の焼き汁とともにごはんにのせて食べると最高です。刻みのりの代わりに、削りぶしや青のりをふっても。

ピリ辛花椒味

ラー油＋花椒

僕が一番お気に入りの味付け。ラー油と花椒のピリッとした辛みでおかずにもおつまみにもぴったり。香菜をどっさりのせても。

【本文に登場する料理＆レシピ】

『大皿料理の落とし穴』 »P098

ごはんもおかずもオーバルの取り皿に一緒盛り。
フライパンごと出せば洗い物激減！

豚こまと春雨の中華炒め

材料（2〜3人分）

緑豆春雨（乾燥）…100g
豚こま切れ肉…250g
ニラ…３〜４本
ごま油…大さじ２
塩…少々
【合わせ調味料】
酒、しょうゆ…各大さじ３
水…⅔カップ
砂糖…大さじ１
にんにくのすりおろし
（チューブでも可）…１かけ分

作り方

春雨は水につけてもどして水けをきる。豚肉は塩をふる。ニラはキッチンバサミで４cmほどに切る。

フライパンにごま油を熱して豚肉を炒め、肉の色が変わったら、春雨、合わせ調味料を加えて汁けが少なくなるまで炒め合わせる。ニラを加えてサッと混ぜる。

トマトときゅうりの中華サラダ

材料（2〜3人分）

トマト…２個
きゅうり…１本
ごま油、しょうゆ、酢…各大さじ½
白いりごま…小さじ１、
砂糖…小さじ½

作り方

きゅうり、トマトはへたを切り、一口大の乱切りにする。すべてを和える。

第３章　考えたくない日の「手間」を排除する料理が本当に楽になる実用レシピ

【本文に登場する料理&レシピ】 »P133

『「今晩、ナムる?」副菜の勇者ナムル』

1 ほうれん草のゆでナムル

ほうれん草1束は熱湯でさっとゆでて水にとって絞り、3～4cmに切って、しょうゆ、ごま油、白いりごま各適宜と和える。

2 しいたけの炒めナムル

しいたけ4～5枚は石づきを切って薄切りにする。フライパンにごま油大さじ1を熱して炒め、しんなりしたら、しょうゆ、白いりごま各適宜を加えて混ぜる。

※すべて作りやすい分量です。

基本的にはどんな野菜でもナムルになります。まずは最低限の味付けだけしてみて、あとは味見をしながら好みの味に調節してくださいね。一晩おくと味がなじんでよりおいしくなりますよ。

3　にんじんの炒めナムル

にんじん１本は皮をむいて斜め薄切りにしてから細切りにする。フライパンにごま油大さじ１を熱して炒め、しんなりして甘みが出たら塩、白いりごま適宜を加えてさっと混ぜる。

4　豆苗のゆでナムル

豆苗１袋は根元をキッチンバサミで切り、熱湯でさっとゆでて水にとって絞り、しょうゆ、ごま油、白いりごま各適宜と和える。

【本文に登場する料理&レシピ】

5　プチトマトのナムル

プチトマト10個はヘタを取って半分に切って塩、ごま油、白いりごま各適宜と和える。好みで酢適宜を混ぜる。

6　なすの焼きナムル

なす2本は薄い輪切りにして、ごま油をひいたフライパンでこんがり焼く(グリルで焼いてもOK)。しょうゆ、ごま油、白いりごま各適宜と和える。好みでおろししょうがを入れても。

【本文に登場する料理＆レシピ】

7 きゅうりの生ナムル

きゅうり１本は縦半分にして斜め薄切りにし、しょうゆ、ごま油、白いりごま各適宜と和える。好みで酢適宜を混ぜる。

8 アスパラの焼きナムル

アスパラ３本は根元の固い皮をむき、３～４㎝に切ってごま油をひいたフライパンでこんがり焼く（グリルで焼いてもOK）。しょうゆ、ごま油、白いりごま各適宜と混ぜる。

【本文に登場する料理＆レシピ】

『チキンは裏切らない』

鶏手羽や鶏もも肉を茹でて作る簡単チキンスープ。
基本の塩スープが残ったら、次の日は３つのアレンジで！

鶏手羽の塩スープ

»P151

材料（4人分）

鶏手羽中（半割り）…15本
ねぎの青い部分…１本分
にんにく…１かけ
酒…¼カップ
塩…適宜

作り方

鍋に鶏手羽、酒、つぶしたにんにく、ねぎの青い部分を入れてたっぷりの湯を注ぎ、塩を加えて煮立てる。あくを取って10〜15分ほど煮る。ねぎの青い部分を取り除く。

基本の塩スープをアレンジ

アレンジ①

野菜たっぷり鶏スープ

キャベツ、小松菜、ねぎをプラス

一口大に切ったキャベツ２枚、斜め薄切りの長ネギ１本、５cmに切った小松菜２株を加えて２〜３分煮て、塩またはしょうゆで味をととのえる。

アレンジ②

鶏わかめうどん

カットわかめ、うどん、いりごま。しょうゆで風味付け

水で戻したカットわかめ３gと冷凍うどん１玉を入れて２〜３分煮る。いりごまをふってしょうゆで味をととのえる。

アレンジ③

中華風ニラ玉スープ

溶き卵、ニラ、ごま油としょうゆで風味付け

５cmに切ったニラ２〜３本を加え、溶き卵２個を回し入れてさっと煮る。ごま油大さじ１をたらして塩、しょうゆで味をととのえる。

【本文に登場する料理&レシピ】

『食卓の思い出』クイック豚味噌チゲ

あり合わせの材料でパパっと作るからこそのおいしい味。
ごはんをひたして食べるのが我が家の定番の食べ方です。

»P154

材料（2人分）

豚こま切れ肉…150g
玉ねぎの薄切り…$\frac{1}{4}$個
白菜キムチ…100g
ごま油、酒…各大さじ2
味噌…大さじ1
しょうゆ…適宜

作り方

鍋にごま油を熱し、豚、玉ねぎ、キムチを炒める。酒を加えて炒め、水2カップ、味噌を加えて煮る。しょうゆで味をととのえる。好みでねぎをちらす。

ポイント

キムチを使えばめんどうな味付けいらず。すっきり食べたいときは味噌は使わずしょうゆだけでOK。卵を落としてスンドゥブ風にするのもおいしいですよ。

【本文に登場する料理＆レシピ】

『世界のお弁当』

オイルサーディン弁当

»P065

バゲットにオイルサーディンをのせる。または、はさんでいただく。

»P065

ブータン弁当

ごはんと辛みと野菜のチーズ煮の組み合わせが定番。ごはんのお供のようなおかずです。

【本文に登場する料理&レシピ】

『YouTubeで気づいたこと』

野菜たっぷり豚プルコギ

肉と野菜をいっぺんにとれる! YouTubeでの人気レシピのひとつです。

»P086

材料（2人分）

豚こま切れ肉または豚ばら肉…200g
玉ねぎ…½個
にんじん…½本
万能ねぎ…３〜４本
好みでサニーレタス、青じそ…各適宜
【漬けダレ】
しょうゆ、酒…各大さじ２
白いりごま、砂糖、ごま油…各大さじ１
にんにく、しょうがすりおろし…各１かけ

作り方

1　玉ねぎは縦に薄切りにする。にんじんは皮をむいて斜め薄切りにしてから細切りにする。万能ねぎは長さ５cmに切る。

2　ボウルに豚肉を入れてタレの材料を加えてもみ込む。玉ねぎ、にんじんを加えてさっと絡める。

3　フライパンを中火で熱して２を加えて、ほぐしながら炒める。野菜がしんなりして肉の色が変わったら味をみて、足りないようならしょうゆ(分量外)で味をととのえる。仕上げに万能ねぎを加えてサッと混ぜる。好みで葉野菜を添えて巻いていただく。

おわりに

２０１９年の12月に「はじめに」の部分を書き出してから、約９か月。ようやくこの「おわりに」を書ける瞬間がきました。あぁ～、感無量です。

その間に世の中的にも様々なことが起こりました。そう、いろいろなことがあり、誰もが何かを抱え、思い悩み、それでもなんとか生きているのかもしれません。

今、全て書き終えてみて、自分の抱えている問題が何にも解決していないにもかかわらず、僕自身、ごはん作りにまつわるいろいろな「～ねばならない」から少し解放された気になれたことに気付きました。

なぜだろう？　考え方を整理できたから？　それとも自分の思い描く「理想像」とうまくさよならできたから？　いずれにせよ、なんとなくですが、そんな気持ちになりました。

この本を読んで、そんな風に少しでも気が楽になったり、料理研究家も大したことしてないわね、なんて思ってもらったりして、この本があなたの何かを変える、ほんのちょっとしたきっかけのひとつになれれば、こんなに嬉しいことはないです。

「いわゆる普通のレシピ本ではなく、ごはんを作る人が元気が出るような本を」という僕のわがままを聞いていただいたぴあさん。本当にありがとうございます。

そのきっかけをいただいたのはタカギさんの連載です。読者のみなさんのコメントが一号あたり6000通をも超える反響をいただき、料理についてしんどい気持ちを抱えていらっしゃる方の多さに驚くと同時に、読者のみなさんのお気持ちを代弁させていただく使命感に燃え、なんとか書き上げることができました。

担当の山本さん、目白台書房の上坂さん。週一回の原稿の〆切の大変さに毎回挫けそうな僕をあたたかく見守っていただき、ありがとうございます。あと、的確なアドバイスも！　お二人がいなければこの本がこうして世に出ることもなかったです。

そして憧れの100％ORANGEさんにイラストを描いていただけたなんてまる

で夢のよう。

料理を作りたくない！　そんなとき、夜中に小人さんのようなだれかが、自分の代わりに作ってくれないかな？　という気持ちを込めて描いてくださったそうです。バックが濃い青なのは夜を表しているのだとか。最高にかわいくて。本の表紙はキッチンにずっと飾っておきます。

僕の妻、子どもたち。

ずっとそばにいてくれてありがとう。あなたたちがいるからこそ、楽しくて苦しくて（ごはん作りとおんなじだね笑）、とにかく毎日が最高です。愛してるよ。

最後に、毎日がんばってごはんを作っている人へ。

僕から言わせてください。ただただありがとう。あなたこそが最高です。そして世の中や、家族よりも自分自身のことを一番大切に想ってください。自分自身を労ってあげてください。心からありがとう。

そしていつの日か。誰もがごはん作りを楽しめる環境になりますように。そして誰に対しても優しい世の中になりますように。

2020年8月　コウケンテツ

コウケンテツ

1974年大阪府生まれ。料理研究家。旬の素材を生かした手軽でおいしい家庭料理を提案し、テレビや雑誌、講演会など多方面で活躍中。また30か国以上を旅し、世界の家庭料理を学んだ経験も持つ。プライベートでは3児の父親として育児に奮闘中。親子の食育、男性の家事・育児参加、食を通して人と人とのコミュニケーションを広げる活動にも力を入れている。2020年3月末に開設したYouTube公式チャンネル「Koh Kentetsu Kitchen」は登録者数40万人を突破（2020年8月現在）。料理研究家ユーチューバーとしても活躍中。

YouTube
「Koh Kentetsu Kitchen」bit.ly/3dMrkeV
インスタグラム
@ kohkentetsu

デザイン：松本 歩（細山田デザイン事務所）
題字・イラスト：100%ORANGE
構成・編集：上坂美穂（目白台書房）
写真：山家 学（P191）、コウケンテツの事務所（料理）
協力：色井 綾、株式会社タカギ

本当はごはんを作るのが好きなのに、しんどくなった人たちへ

発行日　2020年 9 月20日　第1刷発行
2022年11月20日　第6刷発行

著　者　コウケンテツ
統括編集長　大木淳夫
編　集　山本久美
発行人　木本敬巳
発行・発売　ぴあ株式会社
〒150-0011
東京都渋谷区東 1 -2-20　渋谷ファーストタワー
編集　03 (5774) 5262
販売　03 (5774) 5248
印刷・製本　中央精版印刷株式会社

ISBN 978-4-8356-3982-6